사랑은 널 바꾸려 들지 않아

사랑은 널 바꾸려 들지 않아

초판 1쇄 인쇄 2022년 01월 10일
초판 1쇄 발행 2022년 01월 20일

글 브리오니 고든 Bryony Gordon **옮김** 서미나

펴낸이 이상순 **주간** 서인찬 **영업지원** 권은희 **제작이사** 이상광

펴낸곳 (주)도서출판 아름다운사람들
주소 (10881) 경기도 파주시 회동길 103
대표전화 (031) 8074-0082 **팩스** (031) 955-1083
이메일 books777@naver.com **홈페이지** www.book114.kr

리듬문고는 (주)도서출판 아름다운사람들의 청소년 브랜드입니다.

ISBN 978-89-6513-762-7 (43190)

사랑은 널
바꾸려 들지 않아

넌 너다울 때 가장 빛나!

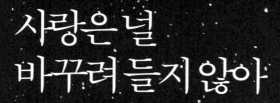

브리오니 고든 Bryony Gordon 지음
서미나 옮김

You Got This!

리틀모그

차례

프롤로그

너는 커서
뭐가 되고 싶니?

다른 사람이 되려는 열망이
결국 나를 어디로 몰고 갔을까?

안녕, 친구야. 아름답고 놀랍고 마법처럼 신비한 친구야.

그래, 너. 스스로 잘난 구석이 없다고 생각하는 너. 네 머릿속 가득한 꿈이 그저 꿈으로 끝나고 말 거라고 여기는 너.

너 말이야.

네게 할 말이 있어. 그러니까 잘 들어줬으면 해.

준비됐어?

자.

말할게.

(내가 목소리를 가다듬는 장면을 상상해보렴.)

넌 … 온전해.

너는 눈부시게 멋져.

너는 모자라지도 넘치지도 않아.

너는 딱 적당해.

아니, 너는 적당 그 이상이야.

너는 더할 나위 없는 기쁨이야. 너는 빛나는 존재야. 너는 멋져. 네 덕분에 나는 우리의 미래가 기다려져. 삶에서 네가 펼쳐나갈 모든 잠재력이 기대되기도 하고. 비록 삶이 나쁜 방향으로만 흘러가는 것처럼 보일 때가 있더라도 모든 것이 괜찮을 거라고, 괜찮은 정도를 넘어서 훨씬 잘 될 거라고, 잠깐이라도 너를 꼭 안아주고 다독여주고 싶어. 다 괜찮을 거란 말을 믿기 힘들겠지. 그건 어릴 때(솔직히 말하자면 나이가 들어도) 우리가 있는 그대로 완전한 존재라는 사실을 배우지 않았기 때문이야. 대신 조용히 하고, 침묵하고, 조심하고, 순응하라고 배웠지. 게다가 '나중에 커서 뭐가 되고 싶니?' 같은 따분하고 쓸데없는 질문이나 받으며 자랐어. 나비가 되어 날아가기를 기다리는 애벌레인 마냥, 우리도 세상으로 나가려고 발버둥 치는 미완성된 인간으로 취급받은 거야.

나는 어릴 때 '나중에 커서 뭐가 되고 싶니?'라는 질문에 대답할 말이 아주 많았어. 비록 질문하는 어른의 비위를 맞춰주고 상황을 모면하려고 만들어놓은 대답이 대부분이었지만. 얼른 대답해버리고 나서 '왜 내 눈썹은 양쪽이 떨어져 있지 않고 길게 하나로 이어져 있을까? 이를 어찌하면 좋을까?' 따위의 원래 하던 생각들을 마저 하고 싶었거든. 그래서 자신감 넘치는 목소리로 "저는 커서요, 해양 생물학자, 우주 비행사, 변호사, 아스널팀 축구선수, 작가(이 항목은 이루었으니까 삭제해야겠군)가 되고 싶어요."라고 대답했어. 할 수만 있다면 한 번에 이 모든 일을 다 해보고 싶기도 했어. 내가 어딘가에 나타날 때마다 사람들이 내 대단함에 놀라서 입을 다물지 못하도록 말이야. 하지만 다른 무엇보다도 내가 절실히 원했던 것이 뭔 줄 아니? 이 질문에는 주저하지 않고 대답할 수 있지. 그건 바로 조금이라도 덜 나다운 내가 되는 거였어.

다른 사람처럼 되고 싶은 열망은 날마다 나를 움직이게 하는 원동력이었어. 내가 하는 거의 모든 일의 중심에는 그런 마음이 자리 잡고 있었지. 같은 학교의 이저벨처럼 글씨를 쓰려고 필사적으로 노력할 때도

그런 마음이었어(내 글씨체도 표현력이 있고 멋있다면). 칙칙한 갈색으로 자라
나는 머리 뿌리 부분을 염색할 때도 그런 마음이었어(내 머리도 마돈나 머리
같았으면). 발바닥에 불이 날 정도로 고통스러운 힐을 신고 끔찍할 정도로
부끄러운 드레스를 입은 채, 내가 초대받을 자격이 있는지 의심되는 파
티에 들어설 때도 그런 마음이었지(내 엉덩이가 보기 흉하게 울퉁불퉁하지 않아
서 코끼리 다리같이 굵은 허벅지와 매끈하게 이어지기라도 한다면). 시험공부를 할
때도 그런 마음이 들었어(학교에서 주는 상을 휩쓸어 가는 알렉산드라보다 내가 똑
똑했다면). 면접에 가거나 데이트를 할 때도 마찬가지였어(내가 리스 위더스
푼만큼 재미있는 사람이라면). 매번 거울에 비치는 내 모습을 볼 때도 그랬지.
나는 왜 더 나은 사람, 더 아름다운 사람, 이런 사람, 저런 사람이 아닐
까? … 글쎄, 나도 모르겠어. 해롭기 짝이 없는 수많은 광고와 할리우드
영화에서나 본, 상상 속 여자 주인공 같은 사람과 나를 비교하곤 했지.

　　나는 얼금얼금한 피부를 벗고 비단같이 부드러운 다른 사람의 몸에
미끄러지듯 들어가 버리고 싶었어. 불안감으로 좀먹지 않은 사람의 뇌
와 내 것을 바꾸고도 싶었어. 그런 생각이 비정상이라는 사실을 전혀 몰
랐어. 왜냐하면 그때는 그게 정상이었거든. 살다 보면 일어나는 짜증나
는 일 중 하나라고 생각할 정도로 자연스럽게 받아들였어. 부모님이 화
를 내거나 동생이 귀찮게 굴거나 사람들이 브렉시트(영국의 유럽연합EU 탈
퇴를 뜻하는 말)에 관해 의미 없이 떠들어대는 것과 비슷한, 성가신 일일
뿐이라고 말이야. 그랬기 때문에 '제 이름은 브리오니예요. 저는 사실 저
자신이 싫답니다.'라고 말해도 특별히 과격한 발언은 아니었어. 내 주변

사람들 모두 다른 사람을 부러워했거든. 우리는 X 염색체 두 개를 가지고 여자로 태어났잖아. 그런데 이 두 X 염색체에 무조건 다른 사람을 부러워해야 한다는 법이라도 새겨놓은 것만 같았지. 그런 태도가 당시의 문화적 현상이었단다. 나는 아무도 정신 질환에 관해 이야기하지 않는 세상에서 태어나고 자랐어. 남과 다른 점이 있으면 기뻐하지 못하고 도리어 경멸의 대상이 되는 세상이었어. 문화에 순응하는 태도는 한물가는 법도 없이 언제나 주류였지(나는 비주류였고). 미디어는 늘 한 가지 체형(마른 체형), 한 가지 피부색(하얀 피부), 한 가지 성 정체성(이성애), 한 가지 감정(행복)만 부각하고 내세웠어. 나는 피부가 하야니까 한 가지 기준은 만족시키겠구나. 하지만 나머지 조건을 보자면 이야기는 조금 더 복잡해져.

내 주변 사람들은 자기 자신을 깎아내리기 바빠 보였어. 그놈의 2~3킬로그램을 못 빼서 새 바지도 못 입고 헬스장에도 즐겁게 못 가고 삶의 질도 별로라고 말하는 사람이 많았지. 그래서인지 대부분은 칭찬을 원수 보는 듯했어. 칭찬이 한마디라도 날아오면 불을 지피고 쿵쿵 밟고 확인 사살까지 하려고 들지. 어떤 여자가 옆에 있는 친구에게 원피스가 예쁘다고 칭찬하는 이야기를 엿들은 적이 있어. 아니나 다를까 여자가 모욕적인 말이라도 한 마냥 그 친구는 칭찬 한마디를 흠씬 두들겨 패더라고. '아, 이 낡은 포댓자루 말이니? 이거 사실 마트에서 헐값에 산 거야. 그래서 입을 때마다 겨드랑이 땀 때문에 소매가 쩍쩍 붙어버린다니까. 최악이야, 정말.' 그냥 가볍게 '고마워.'라고 말하는 사람을 본 적이 없어.

어릴 때부터 다른 모든 사람과 마찬가지로 나도 칭찬을 거부하는 모습만 보고 배웠지. 내 모습을 있는 그대로 받아들이는 일은 용납되지 않았어. 만일 그대로 받아들이기라도 하는 날이면, 거만하고 의기양양하고 자기중심적인 사람으로 생각되는 위험에 빠지거든. 그래서 나는 나 말고 다른 사람이 되고 싶어야 했어. 그런 목표를 가지는 태도가 좋은 덕목이라고 믿었고. 언뜻 보기에 무언가를 바라는 마음은 긍정적인 데다, 더 나아지고 싶은 열망은 칭찬할만하잖아. 하지만 나는 늘 문제에 봉착했지. 다른 누군가가 되려고 열망하면, 있는 그대로의 내 모습을 희생해야 하는 결과가 따라오기 때문이었어.

나와 내 자아는 항상 덜커덩거렸어. 사실 그것보다 훨씬 못했지. 단단히 고장이 나서 수리가 절실히 필요한 상태였으니까. 적어도 나는 그렇다고 믿어버렸지. 열두 살 때는 심각한 수준의 강박 장애가 생겼어. 그래서 집착적으로 손을 씻었고 혹시라도 고치지 못할 병을 전염할까 봐 가족들을 만지면 안 된다는 생각까지 했었어. 사랑하는 가족을 죽일까 봐 겁에 질려 주문을 중얼중얼 외우고 다니기도 했어. 내가 세상에서 가장 못 쓸 사람이라는 말이 머릿속에서 끊임없이 울렸어. 정말 지긋지긋한 노래 하나가 계속해서 흘러나오는 주크박스를 머릿속에 달고 다니는 기분이었지. 그 노래를 바꾸기 위해서 무슨 짓이든 하고 싶었단다. 그래서 있는 그대로의 내 모습과 격렬하게 싸웠고, 너무 열심히 싸운 나머지 병도 났어. 탈모증 때문에 머리카락이 빠져서 군데군데 두피가 보였어. 살을 빼고 싶어서 먹은 음식을 다 토하기도 했고. 정말이지 어린 시절은

나 자신을 부인하는 처절한 몸부림의 연속이었어. 내 이야기가 극단적으로 들릴 수도 있겠지만 그렇지 않다고 말해야겠구나. 최근 몇 년간 알게 된 놀라운 사실은 내 이야기가 절대 나만의 경험이 아니라는 거였어.

다른 사람이 되려는 열망이 결국 나를 어디로 몰고 갔을까? 다름 아닌 세상의 온갖 근심과 골칫거리가 있는 곳이었어. 불안을 불러오는 수만 가지 일로 가득 한 불행의 바다 말이야. 이 이야기는 안 할게. 내가 이야기를 했다간 너희 부모님이 이 책을 당장 빼앗아서 화장터 불에 던져버리고 네가 마흔세 살이 될 때까지 집 안에 가둬둘 테니까. 그러니까 내가 지금부터 하는 말을 그냥 믿어줘. 나는 정말, 정말 좋지 못한 행동을 많이 했어. 언제까지냐 하면 … 보자, 중독 치료를 받아야 해서 시설에 들어갈 때까지였지. 분명히 말하지만 어릴 때 내가 꿈꾸던 곳이 중독 치료 시설은 아니었어. 절대로. 열세 살 때 직업 상담 선생님이 나를 도와주려는 뜻에서 장래 희망을 물었을 때도 내가 생각한 장래는 이게 아니었어.

치료를 받는 석 달 동안 중요한 사실을 발견했어. 있는 그대로의 나로 살고 싶지 않은 어린 시절 마음이 내 삶에서 일어난 모든 문제의 원인이라는 걸 말이야. 내 모습 그대로의 나로 있기 싫은 마음이 내가 내린 모든 어리석은 결정의 중심에 있었어. 너무나도 내가 되기 싫은 나머지 나자신과 죽도록 싸우고 파괴할 지경까지 몰고 간 거야.

그런데 앉아서 곰곰이 생각해보니까 안 보이던 게 보이더라. 내가 결국에 인정받고, 진정으로 성공한 모든 일은 바로 내 모습 그대로 살아서 얻은 결과더라고. 내 정신 질환에 관해서 이야기한 책인 《매드 걸Mad Girl》은 베스트셀러 1위로 올랐어. 덕분에 도서상을 수여받는 후보자로 지명되기도 하고 지금도 날마다 많은 사람에게 감사의 메시지를 받아. 내가 겪은 문제를 솔직하게 드러냈기 때문에 해리 왕자도 내게 자기의 정신적 문제를 이야기해 주고 싶다고 했지. 내가 성공하는데 가장 큰 공을 세운 건 그저 있는 그대로의 나였어. 지금은 전 세계인들이 동참하는 걷기 그룹인 멘탈 헬스 메이츠Mental Health Mates는 절실하게 자기 자신을 찾고 싶은 사람들과 함께, 나도 그런 절실한 마음에서 세운 단체야. 그리고 중독 치료 시설에 들어간 지 불과 90일 만에 나는 상을 받기 위해 나가게 됐지. 정신 건강 자선단체인 마인드Mind에서 주는 메이킹 어 디퍼런스Making A Difference 상인데, 스티븐 프라이가 내게 전달해 주었지. 나로 산 덕분에 상을 받은 거야. 놀라서 숨이 멎는 듯했어. 수십 년간 다른 사람이 되려고 죽도록 노력했는데, 사실 나답게 살 때 사람들이 나를 가장 좋아한다니. 누가 알았겠니?!

따지고 보면 나답게 사는 것이 그렇지 않을 때보다 훨씬 수월해. 다른 사람이 되려고 노력할 때보다 에너지도 적게 들지. 그때 문득 깨달았어. 일단 나답게 살기 시작하면 직업적 성공, 인간관계, 일자 눈썹같이 삶의 다른 모든 영역은 얼른 해결된다는 걸.

의자에 웅크려 앉아 흐느끼는데 상담사가 내 나이를 물었어. 호기심에 묻는 것 같았지. "서른일곱 살이에요." 나는 울며 대답했어.

그러자 상담사가 따뜻한 목소리로 이렇게 말하는 거야. "아니요, 몇 살인지 묻는 게 아니라 몇 살로 느끼는지 묻는 거예요."

그렇다면 대답이 아주 달라지잖아. 잠깐 울음을 그치니 왼손의 엄지와 검지를 서로 비비고 있는 내 모습이 눈에 들어와. 어릴 때 불안할 때마다 내가 하는 행동이었거든. 동시에 오른손 엄지손톱이 앞니에 놓여 있는 거야. 어릴 때 손톱을 물어뜯던 습관이 불쑥 나온 거지. 그때 깨달았어. 내 마음은 열두 살이라는 사실을. 그리고 어린 시절, 다른 사람이든 누구든 되어보겠다고 너무나 절박했던 나머지 나는 거의 성장하지 않았다는 사실도 말이야. 나는 삶의 많은 면에서 수십 년간 정지 버튼을 누른 채, 나를 … 나답게 만들어 주는 것에 영양분을 주지 않겠다고 고집을 부렸어. 그걸 깨닫고 나서야 나는 담대하게 그리고 당당하게 내가 되어 힘껏 앞으로 달려갈 수 있게 되었단다.

그렇기 때문에 어렸을 때 누군가 내게 말해줬다면 좋았을 법한 삶의 교훈을 모두 모아서 이 책을 쓰고 있어. 나는 지금에 와서야 배우고 있지만 너를 가르치려 들거나 아는 척 하고 싶진 않아. 특히나 나는 어른이 되는 수년간의 과정을 보기 좋게 망친 사람인걸. 오히려 네가 내게 중요한 조언을 해야 될 판이야(미리 하나 말해줄게. 너희 부모님을 포함해서 어른들 대부분은 커서 뭐가 되고 싶은지 아직도 몰라. 살면서 그때그때 지어내는 거지. 자기

들이 어렸을 때보다 훨씬 성숙해 보이는 오늘날 아이들, 특히 너처럼 똑똑하고 현명한 자녀에게 이런 사실이 발각되지 않기를 바라면서 말이야). 삶을 어떻게 살아야 하는지 훈수를 두려 드는 사람들 때문에 얼마나 짜증나는지도 이해해. 그 마음 알지, 나도 한 때 십 대였으니까. 이 책은 네 삶을 너답게 사는 방법에 관한 내 조언일 뿐이야. 너를 위한 조언인 동시에 나를 위한 조언이기도 해. 내 손을 꼭 잡고서 내 모습 그대로도 괜찮다고 말해줄 누군가가 필요했던, 내 안에 있는 십대 소녀를 위한 조언.

커서 될 수 있는 가장 멋지고 대단한 사람은
바로 자기 자신이라는 진실을 듣지 못한,
우리 모두 안에 있는 십대 소녀에게.

첫째

너는 비교할 수 없는 존재야. 널 편집하려 들지 마!

너는 세상에서 단 하나뿐인 존재야

너는 네 모습 그대로 온전해. 이런 말을 믿기 힘든 세상이라는 건 잘 알아. 이 세상은 친구들과 너를 일렬로 세워놓고 삶이 마치 비교하는 대회라도 되는 양 누구의 피부와 머릿결이 좋은지, 누구의 옷이 제일 예쁜지, 이따위나 지적하려고 작정한 것 같으니까. 그래도 내가 한 말은 사실이야. 너는 누구와도 비교할 수 없어. 너와 제일 친한 친구도 마찬가지고. 미안하지만 네가 제일 싫어하는 사람조차도 비교할 수 없는 존재야. 솔직하게 말하면 누구도 비교될 수 없어. 우리는 모두 완벽하게 독특하고 온전하게 만들어진 사람이거든. 누군가의 특성을 다른 사람과 비교하는 행동 자체가 우리를 유일무이하게 만드는 고유의 특징을 무시하는 거야.

내 말을 들어봐. 네가 지금 그곳에 살아있다는 사실 자체가 엄청난 기적이야. 네 생각보다 너는 훨씬 특별하고 귀한 존재라는 거야. 네가 태어날 가능성은 정말 작거든. 그 가능성이 얼마나 희박하냐면, 공룡이 살아서 돌아오거나 영국이 월드컵에서 이길 확률이 더 높을 정도라니까. 심지어 몇 년 전에 알리 비나지르라는 의사는 네가 존재할 확률이 10의 2,685,000제곱이라는 경우의 수에서 한 번이라고 했지. 10에 0이 2,685,000개나 붙은 숫자라니, 거의 0에 가까운 확률이잖아. 그러니 너는 정말 특별한 사람이 아닐 수 없단다.

  일단 아버지와 어머니가 만나야 하지. 그리고 … 음, 나도 너만큼이나 '그리고' 다음에 일어난 일을 상상하고 싶지 않지만 말이야. 일이 순조롭게 흘렀다면 아버지의 수백만 마리 정자가 어머니의 난자에 도착하려고 지금쯤 열심히 헤엄치고 있을 거야. 네가 태어난 걸 보면 모든 것이 잘 되었다는 의미겠지만. 참고로 난자는 한 달 중 짧은 기간에만 나팔관에서 정자를 받아들일 준비를 한다. 오직 한 마리만이 횡재하는 게임이야. 그리고 그 정자 한 마리는 흐름을 거슬러 오르며 헤엄쳐야 하니까 (피곤한 일이지) 정자 세상의 아이언맨 정도는 되어야 하지(얼마나 힘들까?). 그러는 동안 여자의 몸은 약한 정자를 모두 죽이는 엄청난 작업을 할 거야. 형편없는 정자들을 처리하려고 자연스럽게 산이 방출되거든. 여자의 자궁경부의 문을 넘어 살아남은 녀석들은 이제 자궁의 두꺼운 점액을 지나가야 해. 우리가 침실의 두꺼운 벽을 주먹으로 쳐서 옆집으로 들어가려고 하는 모습을 상상하면 대충 그림이 그려질 거야. 정자가 힘들게 자궁 경부를 통과하면 이제 오른쪽 관으로 갈지 왼쪽 관으로 갈지 선택해야 해. 잘 기억하렴. 둘 중 하나의 관만이 정자를 맞을 난자가 준비

되어 있단다. 난자가 그곳에서 상주하며 기다리고 있지는 않아. 거기다 이 난자는 징글징글하게 귀해서 손가락같이 생긴 것들이 난자는 안으로 밀어 넣고 정자는 밖으로 밀어내며 잘 보호하고 있어. 백혈구 떼가 난자 앞에서 나이트클럽 경호원들처럼 지키고 있기도 하고. 이제 알겠지? 네가 만들어질 확률은 정말로 희박하단다. 조금이라도 다른 상황이었다면, 부모님이 30초만 일찍 혹은 늦게 사랑을 나눴다면 다른 정자가 난자와 만났을 거고, 그럼 너는 태어나지 않았을 거야. 완전히 다른 사람의 모습을 하고 있을지도 모르지. 물론 네가 부모님께 낳아달라고 말한 적은 없지. 이해해. 하지만 네가 이 세상에 태어났다는 사실은 꽤 대단한 거야. 그건 동의하지?

온 우주는 정말,
진정으로 네가 여기 있기를 바란단다.
그리고 네 모습 그대로를 사랑하지.

텔레비전에 나오는 스타도 아니고, 수많은 팔로워를 가진 인스타그램 유명인도 아니고, 네 친한 친구도 아니고, 한 살 많은 선배 언니도 아니야. 우주는 네 모습 그대로의 너를 사랑해.

왜냐하면 너는 네 모습 그대로 온전하니까.
너는 그 모든 역경을 물리치고 태어났으니까.
너는 네 모습으로 살도록 만들어졌다는 걸 기억하렴.

탑 트럼프 카드 게임:
친한 친구 버전

이런 장면을 상상해 보자. 친구 집에서 빈둥빈둥 유튜브와 스냅챗을 보고 있는데 친구가 유행도 아닌 무언가를 갑자기 하자고 말하는 거야. 게임을 하자는 거지. 우리 할머니 세대에는 실내 놀이라고 불렀는데, 주로 크리스마스 때 부모님이 많이 하자고 하는 게임이야. 카드 게임의 한 종류지. 정확하게 말하면 탑 트럼프 게임(카드의 캐릭터에 적힌 특징 분류표의 숫자를 비교하는 게임 - 옮긴이)이고. 그런데 옛날 버전이 아니라 네 친구가 새로운 버전을 만들어 냈어. 부모님과 하는 지겨운 실내 놀이와 다른 점은 바로 너희들이 카드라는 점이야!

좋아. 그럼 탑 트럼프 해리 포터 버전은 잊어버려(대표적인 버전이지. 너도 그렇게 생각할 거야). 캔디 크러쉬 버전도 잊어버려(확인해 보니까 캔디 크러쉬 버전이 정말 있더라). 심해의 생물 버전도 잊어버려(개인적으로 내가 제일 좋아하는 버전이야). 우리가 할 게임은 … 친한 친구 버전이야. 친한 친구들 모두 각자에게 해당하는 특징이 적힌 카드를 가지게 된다고 생각해 보자.

- 유행의 선두주자 부문(귀를 뚫어도 되는지 부모님께 허락받았으면 이길 확률이 높지)

- 피부 미인 부문(네게 여드름이 없어야 할 텐데)

- 소셜 미디어에서 인기녀 부문[너를 따르는 팔로워를 많이 만들어 놓았길, 그리고 '우와' 소리가 날 만한 스냅스트리크(스냅챗에서 상대방과 며칠간 계속 채팅을 주고받으면 불꽃이 뜨는 기능 - 옮긴이)도 있길]

- 넷플릭스 보면서 데이트하기 부문(키스해 본 적 있어? 할머니 이마에 뽀뽀해드리는 건 키스가 아니란다)

- 뛰어난 학교 성적 부문(공부까지 잘해야 된다고?)

- 마지막으로, 메이크업 파우치 부문(파우치가 하나쯤 있긴 한지, 있다면 글리터는 얼마나 많은지?)

호기심 반 두려움 반으로 이 게임을 해보기로 해. 그래봤자 시시한 카드 게임일 뿐이잖아? 매일 수천 명이 탑 트럼프 게임을 한단 말이지. 그리고 너도 내심 각 부문에서 얼마나 점수를 받을지 궁금하기도 할 거야. 우리는 모두 호기심 많은 인간이니까.

각자 카드를 배정받는데, 네 친구가 너희 반 전원의 카드도 모자라서 다른 반 친구 몇몇의 카드까지 만든 걸 보고 너는 흠칫 놀라. 이걸 다 만드는 데 분명 엄청 오래 걸렸을 거라는 생각이 들어. 자, 이제 네 앞에는 카드 몇 장이 가지런히 놓여있어. 카드를 확인하고 게임을 시작하자. 이런 맙소사! 카드의 결과가 끔찍해. 아니, 끔찍한 것보다 더 나빠. 최악이야. 귀를 뚫었다는 이유로 '유행의 선두주자'에서는 높은 점수를 받았지만 네 기분은 전혀 좋지 않아. 왜냐면 우리는 모두 몇 가지 부문에서 다른 친구들의 점수보다 훨씬 낮을 수밖에 없거든. 친한 친구들 사이에서 주인공(어느 집단이든 주인공은 꼭 있지) 역할을 하는 친구조차도 '엄친아의 성적'은 놓치기 마련이야. 옥스퍼드나 케임브리지 대학교에 갈 거라고 기대되는 천재들이 전교에 한 명씩은 꼭 있기 때문이지. 부끄러워서 온몸이 화끈거리고 열등감이 머릿속을 헤집지만 너는 게임을 계속하고 있어('멍청이' 부문이 있었다면 네가 압도적으로 이길 거라는 생각이 들 정도야). 마음은 이미 게임에서 멀어졌지. 솔직히 복잡한 고속도로에서 땅따먹기 놀이를 하는 편이 낫겠다 싶어. 세 살짜리 꼬마와 인형 놀이를 하거나 성가신 오빠와 비디오 게임을 하는 편이 차라리 나을 것 같지. 친구와 너를 비교하는, 정신을 짓밟는 이 끔찍한 게임만 아니라면 다른 어떤 게임이라도 괜찮을 것 같아.

지금까지 이야기한 상황이 조금 억지스럽게 느껴지지만, 실은 친구들과 비교하는 게임을 하려고 한정판 탑 트럼프를 찾을 필요도 없어. 왜냐하면 우리는 깨어 있는 시간 내내 비교하고 있거든. 저 여자 신발 좀 봐! 저 남자 가방 멋진데? 쟤 머리 스타일 예쁘다. 콘월에서 캠핑용 자동차 안에 줄곧 있던 너와는 달리, 친구가 다녀왔다는 휴가 장소를 들으니 입이 떡 벌어지기도 해(친구야, 캠핑용 자동차에 관해서는 나도 충분히 네 맘 이해한단다. 어린 시절에도, 아이를 낳은 지금도 그곳에서 시간을 많이 보내거든. 그래도 장담하는데 아주 나쁘지는 않아. 나중에 캠핑용 자동차를 좋아하게 되는 날도 오게 될 거야). 우리 모두에게 삶이란, 매일 머릿속에서 벌어지는 거대한 비교 게임이야. 물론 자기도 모르게 하고 있을 때가 대부분이지만. 너무나도 딱하고 슬퍼할 일이지. 왜냐하면 비교는 기쁨을 훔치는 도둑이거든. 다른 곳에서 이 말을 써먹어도 되지만 내가 한 말은 아니야. 미국의 제26대 대통령인 시어도어 루스벨트의 명언이지. 눈이 번쩍 뜨이는 명언이지만 아쉽게도 나는 30대 후반에 이르러서야 제대로 이해했단다. 가수 스파이스 걸스의 초창기 노래와 더불어, 비교하는 것이 이미 내 전문 분야가 되어 있을 때였지.

어쩌면 내 머릿속의 기계가 몸, 마음, 삶의 모든 요소를 다른 사람과 비교하면서 정신없이 내는 소음으로 귀가 먹는 바람에, 비교가 기쁨을 훔치는 도둑이란 말을 못 들었을지도 몰라. 내 십 대 시절 거의 날마다 비교하곤 했던 것들 일부(극히 일부)를 공개할게. 물론 훨씬 더 많지만 이 책의 쪽수도 한정되어 있을뿐더러 1장을 그 목록으로만 채우긴 아까우니까.

매일 하던 비교 목록

마치 리엄 갤러거를 연상케 하는 관리하기 힘든 내 눈썹
vs
같은 영어 수업을 듣는 클레어의 예쁜 곡선 모양 눈썹

내 오른쪽 허벅지 위에 있는 커다란 반점과
이를 두르고 있는 허연 튼 살
vs
잡지에 나오는 여자의 매끈한 다리, 포토샵의
마법 덕분에 더 매끈해 보이기도 하겠지만

내 칙칙한 갈색 머리와 여드름투성이 피부
vs
딸기 케이크나 귀여운 만화 캐릭터 같은 분위기를 내는
여동생의 주근깨와 자연스러운 곱슬머리

언제나 '발전 가능성이 보입니다.'로 끝나는 내 성적표
vs
목공이든 무엇이든 한 가지라도 재능이 있는 친구들

닥터마틴 부츠를 신으면 두꺼워 보이는 내 다리
vs
닥터마틴 부츠를 신어도 날씬해 보이는 다른 모든 사람
(정말이지 나 빼고는 모두 날씬해 보여)

비교 음모론

찾아내려고 마음만 먹는다면 너는 항상 너 자신이 부족하다고 느낄 거야. 실은 말이야, 굳이 마음조차 먹지 않아도 느낄 거야. 세상은 그렇게 만들어졌거든. 세상은 우리가 부족하다고 느끼고, 다른 사람과 비교하길 원해. 그래야 네가 화장품과 옷을 사고 그들이 주도하는 라이프 스타일을 따라 하겠지. 패션과 미용 산업이 돈을 아주 많이 버는 이유가 바로 이거야.

단순한 진실을 말해줄게. 우리가 인터넷, 잡지, 광고에 나오는 사람처럼 되려고 애쓰는 대신, 자기의 원래 모습에 만족하고 다른 사람을 각자 개성 있는 존재로 바라본다면 어떨까? 누군가의 머리나 화장을 따라 하려고 시간을 낭비하지도 않을 테고 압박감 때문에 원하지도 않는 물건을 사려고 용돈을 모두 날리지도 않을 거야. 마음을 채우려고 혹은 이것만 있으면 누군가의 마음에 들 것이라는 희망으로 물건을 사지도 않겠지. 무언가를 사는 것 자체가 나쁘다는 말은 아니야. 나도 쇼핑할 때가 종종 있거든. 사실 지금도 쇼핑을 끝내고 막 돌아온 참이야. 오늘은 금색 치마, 보라색 코트, 핑크색 염색약을 사 왔어. 네가 보기에 멋있는 물건이나 그 물건 덕분에 스스로 멋있다고 느낄 때, 한마디로 너와 천생연분인 물건을 사면 … 그러면 괜찮아. 하지만 다른 사람이 모두 가지고 있기 때문에 사는 행동은 말이 완전히 달라지지. 바로 이런 것이 비교 음모론에 빠지는 행동이야.

그리고 남자들보다 우리 여자들이 비교 음모론에 빠지는 경우가 더 많단다. 예를 들어서 최근 내가 쓴 쇼핑 목록과 남편의 목록을 비교해보자.

내 목록:

- 모델 수키 워터하우스의 인스타그램에서 본 립스틱
- 핑크색 염색약(내가 철들려면 아직 한참 멀었다)
- 물 없이 쓰는 드라이 샴푸(10분이라도 더 잘 수 있다면 아까운 시간을 머리 감는 데 쓸 필요가 있을까?)
- 카맥스 립밤(카맥스 립밤은 많이 발라도 돼)
- 페이퍼체이스의 새롭고 멋진 문구류(일할 때도 내가 잘하고 있다고 느끼도록)
- 요가 매트(요가를 정말 한다기보다는 거실 구석에 장식용으로 두려고)
- 작은 선인장(그냥 귀여우니까)

남편의 목록:

데오드란트

남편의 목록은 이게 다야.

바로 이 점이 비교 음모론의 가장 중요한 부분이야. 잠깐, 냄새가 고약하니까 땀 억제제를 꼭 사야 한다는 말을 하려는 게 아니야. 내가 진짜말하려는 요점은 비교 음모론이 우리 여자들을 깎아내리려는 근본적인목적을 가지고 있다는 점이지. 루스벨트 대통령이 '비교는 기쁨을 훔치는 도둑'이라는 명언을 만들어냈을지는 몰라도, 그는 남자였기 때문에비교당하는 극도의 공포를 절대 알지 못했을 거야. 물론 요즘은 남자들도 부당한 비교 대상이 된다는 사실은 알아. 그리고 이런 일로 비교 대회를 열고 싶진 않지만, 이것도 … 그래, 결국 비교가 빠질 수 없구나. 지금부터 어떤 성이든 다 괜찮으니 말해보자. 남자, 여자, 그리고 그 사이에 있는 어떤 사람이든 상관없어. 그래도 이 점은 인정했으면 해. 유달리 여자들에게 비교 음모론이 깊숙이 박혀서 오랜 세월 전해져 내려오는 바람에, 이제는 우리가 눈치채지 못할 정도로 자연스러워졌다는 사실 말이야. 사실 여자는 끊임없이 서로 경쟁하도록 놓여있어. 신문에서도, 뉴스에서도, 텔레비전에서도, 온라인에서도…

금발머리 여자 vs 갈색머리 여자

글래머인 여자 vs 마른 여자

메건 마클(영화배우) vs 케이트 미들턴(영국 왕세손비)

카디 B(Cardi B-세계적인 여성 랩퍼)는 새로운 니키 미나즈 (Nicki Minaj-세계적인 여성 랩퍼)인가?

왜 치마는 유행하고 원피스는 한물갔는가?

누가 옷을 잘 소화하나?

벌써 머리가 지끈지끈해지는구나…

원하든 원하지 않든 이런 구도는 일상에서 우리가 다른 여자와 경쟁하도록 부추긴단다. 영화 〈퀸카로 살아남는 법〉의 남자 버전으로 꼽을 만한 영화가 없다는 사실이 흥미롭지 않니? 느긋한 데다 상대를 적으로 보지 않는 사내 녀석들과 달리, 여자가 선천적으로 심술궂거나 험담을 좋아할까? 나는 그렇게 생각하지는 않아. 단지 여자들이 오랜 세월 못된 캐릭터로 묘사돼서 이렇게 되었다고 생각해. 우리는 가부장적인 사회에 살고 있어. 그 말은 남자들이 대대로 정치, 사업, 그리고 가정에서까지 최고의 힘과 권력을 쥔다는 의미야. 결과적으로 자기가 무시당하고, 목소리도 제대로 내지 못하는 약한 존재로 느끼는 여자가 많아. 우리 여자들은 안 그래도 비좁은 자리에서, 주목받기 위해 끊임없이 다퉈야 하지. 동지애는 함께해야 강해지기 마련인데, 이미 세상을 떠난 어리석은 사람들이 한 쓸데없는 짓거리 때문에 여자들이 아직 뭉치지 못할 때가 많아.

이런 일은 삶의 곳곳에서 벌어지고 있어. 여자들이 중요한 직책을 맡을 기회가 많아졌다는 사실은 인정하지만, 현실은 아직 녹록치 않거든. 남녀평등을 위해 포셋 소사이어티Fawcett Society라는 자선단체가 2018년(여성에게 선거권이 주어지고 나서 100년 후)에 설립되었는데, 여성은 아직도 국회에 들어가는데 모든 절차에서 어려움을 겪는다고 해. 현재 국회의 의석을 차지하고 있는 650명의 하원의원 중 208명만이 여자야. 웨스트민스터를 벗어나 학교에서는 여학생들이 남학생보다 좋은 성적을 받을지 몰라도, 학교 성적이 전문적인 일의 세계에 제대로 반영되지 않을 때가 많아. 일례로 90퍼센트의 여성이 남자에게 보수를 더 많이 주는 회사에서 일한단다. 여자들은 성공하기 위해서, 인간적으로 대우받기 위해서 남자보다 두 배로 노력해야 해(여자가 직장 내에서 압도적으로 많이 겪는 문제인 성추행까지 더하면 끝이 없어). 이런 상황 때문에 여자는 더 나은 사람이 우리 자리를 빼앗을 거라는 두려움에 떨게 돼. 그러면 결국 다른 사람과 싸우고 경쟁할 수밖에 없거든. 바로 이런 점이 비교의 가장 큰 문제고, 비교하게 되는 원인이기도 하지. 우리를 형편없는 사람처럼 느끼게 만들고 끌어내리거든.

이제 맞서 싸울 때야. 여자들의 동지애를 단단히 하고 서로 밀어주고 끌어주면서 자기 모습 그대로에 만족하기 위해 싸워야 해. 여자들의 심술은 수 세기 동안 우리를 제자리에 가두려는 남자들에게 억눌린 결과일 뿐이라는 사실을 기억해. 여자들이 서로 싸우느라고 정신을 차리지 못하면 우리를 위협하는 진짜 패배자인 가부장제에 맞서 싸울 힘이 없어진다고. 참고로 여자의 싸움은 자기 머릿속에서만 일어나는 경우가 대부분이니까 애초에 서로 싸울 생각들이랑 하지 않는 게 좋을 거야.

(참고: 모든 남자들이 가부장제에 동참하지는 않아. 너희 할머니와 할아버지마저 눈살을 찌푸리게 하는, 낡은 사고방식을 지닌 몇몇 지독한 사람들이 주된 인물들이지.)

우리 대부분은 어린 시절부터 비교하고 절망하는 이 모든 행동에 길들었어. 그래서 스스로 이런 질문을 끊임없이 해왔어. 누가 제일 예의가 바를까? 내 친구가 제일 좋아하는 사람은 누굴까? 숙제를 제일 잘한 사람은 누굴까? 누가 물구나무서기를 제일 잘할까? 소셜 미디어가 생기면서 상황은 더 악화됐어. 누가 '팔로워'나 '좋아요'의 숫자가 많은지 판단하면서 우리는 무능하고 무가치한 사람처럼 느껴져. (그런 생각을 한다면 당장 그만둬. 너는 가치 있는 사람이니까.) 야생에서 시도 때도 없이 포식자가 오는지 경계해야 하는 먹잇감이 된 느낌이야. 그런데 포식자도 실은 포식자가 아니란다. 포식자도 너와 똑같이 위협을 느끼도록 길들었을 확률이 높거든. 믿거나 말거나 자유지만 그 포식자는 네 최고의 동지야. 그 여자와 함께 힘을 합하면 네가(그래 바로 너!) 이 체제를 확실하게 바꿀 수 있을 거야.

지금은 여자로 살기에, 들고일어나
인스타그램의 보정 필터와
가짜 광고를 없애버리기에,
남과 비교하는 짓을
그만두기에 최고의 시대야.
우리 자신의 존재를 기뻐하고 축하하자고!

반짝반짝 빛나는 네 손에 미래가 달려있어.

그런데 말이지, 비교 음모론에는 정말 엄청난 사실이 있단다. 들으면 입을 다물지 못할 거야. 아니, 더 나아가서 이 이야기를 들으면 비교 음모론 뒤에 있는 지긋지긋한 생각까지 날아가 버릴 거야. 그건 말이야, 바로 지금까지 다른 사람들도 그들 자신과 너를 두고 비교했다는 거야. 정말이야! 내 말이 틀렸다고 고개를 저어도 어쩔 수 없는 사실이야. 참고로 나는 이 땅에 살면서 내가 잘못 생각한 많은 일을 정정당당하게 인정하는 사람이란다. 예를 들자면 내 첫 남자친구 그리고 그 이후로 사귄 대부분의 남자친구들도 내 착각이었지. 하지만 이것만은 양보하지 않을 거야. 네가 조용히 앉아서 세상이 꺼져라 한숨을 쉬며 친구들보다 열등한 점을 나열하고 있을 때, 그 친구들도 앉아서 세상이 꺼져라 한숨을 쉬며 너보다 열등한 점을 나열하고 있단다. 120퍼센트 장담할게.

내가 어떻게 아냐고? 남들과 비교하면서 내 부족한 점을 찾는데 인생 대부분을 낭비했거든. 그런 내가 《매드 걸Mad Girl》이라는 책을 냈을 때 학교 친구들한테 메시지를 수백만 통 받았단다(사실 10통에서 15통 정도). 내가 그렇게 생각했다니 믿을 수가 없다면서, 그 친구들은 오히려 나더러 다 가진 사람이라고 생각했다는 거야. 뭐? 내가 멋진데다가 다 가졌다고? 피가 날 때까지 손을 씻어야 할 정도로 정신적으로 문제도 있었고, 너무 빨리 성장했는지 가슴은 허연 튼 살로 덮여있었는데. 내가 멋지고 다 가진 아이였다니. 하하하하하하하하하하.

우리도 모르는 사이에 스스로 실패자로 여기면서 다른 사람과 상상의 탑 트럼프 카드 게임을 하고 있었던 거지. 각자 있는 모습 그대로도 참 멋진데도. 우리가 불안감에 솔직했다면 혼자가 아니라는 사실을 알았을 테고, 혼자가 아니라는 사실을 깨닫는 과정에서 잠깐 멈춰 서서 우리가 부족하다고 느끼는 감정이 왜 정상처럼 여겨지는지 의문을 가졌을 거야. 그러면 남의 집 잔디가 더 푸르지 않다는 사실을 알아차렸을지도 몰라. 잔디는 물을 줘야 푸르게 돼. 그럼 우리의 소중한 생명수를 낭비하는 대신 우리 집의 잔디에 주었겠지?

비교 음모론에서 탈출하는 법

자, 그럼 비교 음모론에서 어떻게 탈출할까? 몇 가지 방법을 알려줄 게.

애초에 비교할 것이 없다는 걸 알아차리렴.

내가 하는 말을 잘 들어봐. 시험 성적, 소셜 미디어 팔로워의 수, 가진 옷 따위는 인간으로서 네 진짜 가치를 보여주지 못해. 그런 것들은 스쳐 지나가는 일시적인 것들이야 … 미래의 너는 생각하거나 기억하지도 않을 만한 것들이라고. 그래, 물론 인스타그램에서 '좋아요'를 더 받는 친구도 있을 거야. 너는 2차 방정식 때문에 쩔쩔매는데 수학이 제일 쉽다는 수학 천재인 친구도 있겠지. 참고로, 어른이 되면 2차 방정식을 할 상황이 없을 테니 너무 고민하지 않아도 돼. 그리고 온라인이 아닌 실제 삶에서 깊은 우정을 나누는, 네가 진심으로 아끼는 친구가 있다면 인스타그램의 '좋아요'가 도대체 무슨 소용이 있을까? 진정한 우정은 '좋아요' 수백만 개보다 훨씬 값지단다. 그런 친구는 힘든 시기에, 어려운 일이 닥칠 때 네 곁에 있어 줄 거야.

남보다 나은 사람은 아무도 없다는 사실을 기억하렴.

너는 미셸 오바마, 메건 마클, 설리나 고메즈만큼이나 가치 있고 중요한 사람이야. 너도 다른 사람이 원하는 것을 갖고 있다는 점을 꼭 명심해. 사실 너는 미셸 오바마, 메건 마클, 설리나 고메즈가 원하는 것도 가지고 있다고 말해주고 싶어. 이상한 사람들이나 파파라치에게 쫓기지 않으면서 친구들과 놀러 나갈 자유를 가지고 있잖아. 봐봐, 설리나 고메즈가 너를 부러워한다니까! 그래, 바로 너.

네게 없는 것보다는 있는 것에 집중하렴.

네게 있는 것이 무엇이든 괜찮아. 건강, 먹고 잘 수 있는 부모님 집, 주위 사람들이 날뛰고 흥분할 때 평정심을 유지하는 능력, 멋진 친구, 함께 지낼 수 있는 형제자매, 속을 터놓을 만한 선생님. 모두 좋아. 지금 네 손에 들려있는 책이면 어떻고.

부정적인 면을 장점으로 바꿔보렴.

너는 곱슬머리가 미울지도 모르지만, 네 자연스러운 곱슬머리를 하고 싶어서 미용 도구에 수십만 원을 쓰는 사람도 많아. 어떤 사람이냐고? 바로 나 같은 사람! 네 작은 키가 싫다면, 너희 반에 있는 키가 큰 친구는 네 아담한 키를 부러워한다는 걸 기억하렴(그 여자애는 자기가 꺽다리 같다고 느끼거든). 네 큰 키가 싫다면 너희 반에 있는 키가 작은 친구는 네 큰 키를 부러워한다는 걸 기억하렴(그 여자애는 자기가 땅딸보 같다고 느끼거든).

감사 놀이를 해보렴.

그래도 게임을 꼭 하고 싶다면 내가 딸아이와 지어낸 '감사 놀이'를 해보렴. 매일 밤 잠들기 전에 우리는 그날 아무리 기분 나쁜 일이 있더라도 감사한 일 세 가지를 말한단다. 어둠에서도 빛이 보인다는 사실에 아마 깜짝 놀랄걸?

칭찬을 받아들이렴.

칭찬을 거절하지 마. 그저 웃고 감사하다고 말하고 넘겨.

아무리 작아 보이는 일이라도 네가 성취한 것을 자랑스럽게 여기렴.

때로는 아침에 일어나서 이불 밖으로 나온 것조차 잘했다고 등을 쓰다듬어 줄 이유가 된단다. 지금껏 실패한 모든 것의 아래에 네가 잘한 일까지 쑤셔 넣어 깔아뭉개버리지는 마. 일단 침대에서 일어났지? 그래도 당장 무언가를 하지 않는다고 자책하지 마. 자존감에 전혀 도움 되지 않으니까. 자존감이 가장 중요해. 자존감은 부모님이 독재자처럼 너를 압박하고 제일 친한 친구가 얄밉게도 왓츠앱에서 네 메시지에 답장하지 않고 잠적해버려도 꿋꿋이 자기 자신을 사랑하는 감정이야. (이런 일은 모든 사람에게 일어난다고!)

약간의 자기 회의는 네가 괜찮다는 증거야.

자기 회의는 절제력을 발휘하고 우리를 책임감 있는 사람으로 만들어. 하지만 자기 회의가 너무 커져서 온통 그 생각뿐이면 건강하지 않다는 증거야. 자기 회의가 〈아기상어〉 같은 노래처럼 머릿속에서 떠나지 않는다고 생각해봐. 그건 자기혐오 수준이지. (나 때문에 이 노래가 귀에서 계속 맴돌아도 나를 너무 미워하지는 말아줘. 잠깐 책을 내려놓고 좋아하는 노래를 들으면서 뚜루루뚜루 멜로디를 떼어내고 오렴) 자기 회의를 없애라는 말은 아니야. 〈아기상어〉 노래처럼 자기 회의가 네 머릿속에서 떠나지 않을 때가 있다는 사실을 받아들이자는 거야. 모든 사람에게 일어나는 일이거든. 하지만 회의가 너의 유일한 생각이 되도록 물주며 키우지는 마. 네게 도움이 되도록 이용해. 회의감을 밀어내고 네 목록에 있는 듣기 신나고 더 좋은 노래를 재생하도록 나아가자고.

다른 누군가처럼 되고 싶어서 동경하기보다
그 사람에게 영감을 얻어 보렴.

다른 누군가를 동경하기만 한다면 너는 그 사람에게 휩쓸려서 네 좋은 점도 잊어버리게 될 거야. 하지만 다른 사람에게 영감을 얻는다면 그들의 좋은 특징을 받아들여서 너도 그런 면을 키울 수 있어. 동경과 영감의 차이는 작고도 어마어마하게 크단다.

**사람을 말할 때 '베스트best'나 '제일 좋아하는'이라는
말을 하지 않도록 노력하렴.**

어려운 일이라는 건 알아. 베스트 프렌드도 우리가 만들어낸 개념이
니까. 그리고 당연히 베스트 프렌드, 제일 좋아하는 친구가 있으면 참 좋
지. 베스트 프렌드가 있다는 건 세상에서 가장 만족스러운 기분이잖아.
문제는 말이야, 이런 단어를 쓰면 어떤 사람이 다른 사람보다 낫다고 말
하는 거나 다름없거든. 그런데 사람은 다른 사람보다 나을 수 없어. (알
아, 네 마음 이해해. 너와 친구가 너희 반의 정말 못된 애보다 나은 사람이 아니라고 한다
면, 내 기준이 너무 관대하다는 걸. '너무 관대한' 나머지 그 영역이 드라마 〈기묘한 이야
기〉에나 나올법한 어둠의 영역에 미칠 정도니까. 하지만 장담하는데 그 못된 애도 어딘가
에 좋은 점이 있을 거야.)

학교 다니던 시절 나는 우정의 순위가 계속해서 바뀐다고 느꼈어. 지
금도 그렇겠지만 우정 순위는 아이튠즈 음악 순위보다 냉정한 것 같아.
베스트 프렌드에서 교체되면 내가 부족한 사람같이 느껴졌어. 하지만
나는 부족한 사람이 아니야. 그건 너도 마찬가지고. 우정 순위가 바뀌는
진짜 이유가 뭔 줄 알아? 최소한 그 시기에 그 친구는 다른 사람의 성격
이 자기와 더 잘 맞는다고 생각하는 것뿐이야. 네가 무엇을 잘못해서가
아니야. 우정 순위는 온전히 친구의 문제지 네 문제가 아니란다.

아주 맛있는 초콜릿을 떠올려봐.

누군가 그 초콜릿을 먹지 못한다고 해서 그 초콜릿이 맛없는 초콜릿

이라는 의미는 아니야. 그 사람이 당뇨병 진단을 받았을지도 모르고, 어떤 이유에서든 간에 설탕을 먹지 않아서 초콜릿을 먹지 않는 것뿐이야. 그리고 달콤한 음식을 먹지 않는 사람과 사귀고 싶은 사람이 있기나 할까?! 그 사람은 즐거움이 말라버린 가뭄을 경험하고 있을 거야. 그래도 맛있는 초콜릿은 여전히 맛있는 초콜릿이야.

이상하고 특이한 네 모습을 받아들이렴.

너를 편집하려고 들지 마. 너 자신을 더 작게, 더 크게, 더 조용하게, 더 시끄럽게 만들지 않아도 돼. 있는 그대로 있어. 네 빛을 가리지도 말고, 그렇다고 침대 옆에 두는 조명을 무대조명처럼 만들려고도 하지 마. 두 가지 모두 중요하면서도 다른 목적이 있다는 사실을 기억해. 그리고 두 가지 모두 꼭 필요하다는 사실도. 침대 조명이 없으면 책을 읽을 수 없지. 무대 조명이 없으면 테일러 스위프트(Taylor Swift-2021년 빌보드 뮤직 어워드 톱 여자 아티스트상 수상)를 볼 수 없고, 독서와 테일러 스위프트 모두 멋져. 다른 방면으로 멋질 뿐이지.

**이 세상에 완벽은 없다는 사실을 기억해.
모든 사람에게는 결점이 있어.
가장 완벽에 가까운 사람은
결점을 받아들일 줄 아는 사람이야.**

너는 변하고 있어.
그래도 괜찮아.
변화에 몸을 맡겨버려!

호르몬이 기습 공격처럼
느껴질지도 몰라

삶이란 귀여운 꼬마전구와 사랑스러움으로 가득 차 있다가도, 돌아서면 갑자기 으으으으으아아아아아아아아아아아아아아아아아아아아아아아아아아아아아아아아아아아아아아아.

정말, 정말이지.
으으아아아아아아아아아아아아아아아아아아아아아아.

다시 외쳐주지! $%^&*&^^^^^^^^^^!
개떡 같아, 누가 내 꼬마전구 만졌어? ('개떡'이라고 적었지만 훨씬 더 심한 말을 하고 싶은 내 마음을 너도 잘 알겠지.)

도대체 왜 다들 내 꼬마전구를 함부로 치우는데?

나와 *꼬마전구*를 제발 좀 가만히 내버려 두라고!

아, 사춘기의 즐거움이란! 너는 어른이 되고 싶은 마음을 잔뜩 품고 어린 시절을 살았을 텐데. 첫 브래지어를 사는 상상, 친구가 생리통 이야기라도 하면 공감하며 고개를 끄덕이는 상상을 아련히 했겠지. 그런데 어느 날 '펑!'하고 들이닥친 거야. 갑자기 달마다 생리를 하고, 누가 때리듯 가슴이 아프고, 기분이 괜찮다가도 60초도 채 지나지 않아 미친 듯이 화가 나지. 도대체 이게 다 무슨 일이람? 심지어 '사춘기'라는 단어조차 별로야. 왜 좀 더 나은 이름으로 짓지 않았을까? 음 … 뭐, 즐거운 시절? 물론 이 이름도 우리에게 일어나는 과정을 전혀 표현하지 못하지만, 그래도 어른들이 사춘기라는 말을 꺼낼 때만큼 움찔하고 놀라지는 않겠지. 그분들은 사춘기가 날씨같이 일상 대화 주제라도 되는 마냥 거의 매일 꺼내는 것 같거든. 이런 변화의 과정 자체도 힘든데 이 단어는 또 왜 이렇게 끔찍하게 들리는지. 나지 말아야 할 곳에서 곱슬곱슬한 털이 날 때처럼 말이야. 사춘기라는 단어는 '팬티'나 '축축'만큼이나 듣기 거북한 단어라고. 단어 자체만 들어도 토할 지경인데 어떻게 사춘기에 긍정적인 감정을 갖겠어?

나는 사춘기를 맞을 준비가 전혀 안 됐었어. 세상에 누군들 준비가 됐겠니? 세상에 있는 모든 지침서를 다 읽는다고 해도 사춘기가 닥치면 충격을 느끼기 마련이야. 자고 일어났는데 갑자기 벌어진 일 같지. 그렇다고 시작 날짜가 딱히 정해진 것도 아니고. 바로 이런 점 때문에 불안감이 스멀스멀 올라오는 거야. 너와 네 친구가 비슷한 시기에 겪지 않을 수도 있거든. 그러니 호르몬이 길길이 날뛸 때 서로 손을 잡아 주지도 못하지. 사춘기는 헝거 게임에서 네 이름이 불리도록 기다리는 것과 비슷해. 그러니까 언제라도 닥칠 수 있다는 사실을 너도 알 거야. 다른 점이 하나 있다면 사춘기는 운명의 날이 언제인지 대충이라도 정해진 바가 없어서 네가 준비조차 하지 못한다는 거야. 학교 식당에서 밥을 먹을 때도, 동네 수영장에서 친구들과 수영할 때도 갑자기 일어날 수 있다는 의미지.

그리고 이런 과정에서 생기는 스트레스에 한술 더 떠서 부모님은 이 모든 일이 네 탓인 양 여기시지. 인중에 털이 나게 해달라고, 시무룩하고 불행한 사람이 되게 해달라고, 땀에 젖은 사람이 되게 해달라고 네가 빌기라도 했냐 말이야. 그리고 말이지, 여자한테 수염을 나게 하는 진화론적 이유가 대체 있기나 한 걸까?

한창 사춘기를 겪을 무렵, 나는 내게 일어나는 일들을 인정하지 않으려 했다는 점에서 아마 다른 여자아이들과 좀 달랐을 거야. 사춘기라는 개념조차 이해하기 너무 힘들었거든. 그리고 청소년기에 들어섰을 때도 설명을 제대로 해주려는 사람이 없었기 때문에 나는 변화에 쉽게 눈감아버릴 수 있었어. 물론 내가 사춘기를 겪고 있다고 우리 엄마가 시도 때도 없이 이야기했다는 점은 인정해. 엄마는 내가 11살쯤 되었을 때부터 무슨 행동을 하든 호르몬 때문이라고 생각하곤 했어. '브리오니가 방문을 쾅 닫고 들어갔네. 분명 사춘기 때문일 테지.' 또는 '브리오니가 초콜릿을 먹고 있구나. 사춘기를 겪고 있어서 그런 게 분명해.' 내가 숨만 쉬어도 엄마는 사춘기의 징조라고 말할 정도였다니까. 사춘기라서 내가 '까탈스럽게 군다'라고 말만하기보다 사춘기에 어떤 일을 겪는지 엄마가 설명해줬다면 조금 견딜 만했을지도 모르지. 하지만 당시 구글이 있어서 모든 정보를 알았다고 하더라도 나는 외롭다고 느꼈을 거야. 엄청나게 어색한 성교육 수업을 학교에서 모두 함께 듣는다고 해도 이런 일을 겪는 사람은 세상에 나 혼자 밖에 없다고 느끼는 시기가 바로 사춘기거든. 너는 방사능 거미에 물린 스파이더맨이 된 셈이야. 차이가 있다면 너는 아주 작은 일에도 정말 고통스럽게 스트레스를 느끼고 네게서 나는 냄새가 역겹다고 생각하는 초능력이 있다뿐이지.

　우리 집에서 느끼는 어색한 외로움 때문에 나는 영원히 '까탈스러운' 아이로 핀잔을 들을 것만 같았어. 내가 정말 그런 아이였을 지도 모르지. 하지만 갑자기 들이닥친 쓰나미 같은 호르몬에 휩쓸린 평범한 십 대, 그 이상도 이하도 아니었어. 물론 사춘기 아이는 다루기 '까탈스럽게' 느껴지기 쉽지. 그런데 주위 사람들의 반응 때문에 사춘기가 더 통제 불능처럼 보이기도 해. 지금도 우리 엄마와 아빠는 내 어린 시절을 두 시기로 나누곤 하셔. 사춘기 전과 후. 사춘기 전은 행복에 젖은 꿈같은 경험이었고 사춘기 후는 끔찍한 악몽이래. 물론 그 말의 의도가 무엇인지는 나도 잘 알아. 부모님에게 사춘기 자녀는 다소 골칫덩이라는 의미지(왜 항상 부모님 입장에서만 말하는 걸까?). 그런데도 나는 여전히 내가 무언가를 제대로 하지 못했고, 그래서인지 허물을 벗고 나오고 보니 부모님이 기대했던 아름다운 나비가 아니었다는 뜻으로 들려. 나는 나비가 아니라 나방으로 나왔거든.

나방이지만 그래도 한 마디 할게. 나방도 꽤 멋지단다.
나방이 더 강하지. 빛으로 모여 들기도 하고. 예쁜 옷을 보는 안목도 있어(옷장을 열어 나방한테 뜯긴 내 원피스를 한번 보렴). 나방이 되어도 괜찮아. 진짜야. 나 같은 나방을 한번 믿어보렴. 해가 지면 자야하는 나비보다 나는 훨씬 신나는 시간을 보내고 있다고. 나비처럼 산다면 얼마나 지루할까!

나는 마법 지팡이를 가지고 네가 겪는 이 모든 과정을 고통 없이 빨리 지나가도록 도와주지는 못해. 설령 갖고 있더라도 내가 마법을 휘두를지 의문이기도 하고. 사춘기는 휘둘러 버리거나 서두르면 안 되는 시기기 때문이지. 소중한 시기인 만큼 소중하게 잘 다루어야 해. 여왕인 너를 여왕처럼 대우해야 하는 시간이 사춘기야. 자기 자신을 돌볼 기회이기도 하고 스스로를 챙길 구실이 있는 시기이기도 해. 물론 너한테 일어나는 일들을 어떻게 '특별한 일'이라고 할 수 있는지 의구심이 들지도 몰라. 나도 백번 이해해. 그런데 말이야, 사춘기는 방 정리와 비슷한 점이 있어. 좋든 싫든 언젠가는 해야 하는 일이지. 안 하겠다고 버티면 더 힘들어지기만 한다고. 자, 그러니까 지금부터 그 과정을 세세하게 쪼개서 네가 두려움을 덜 느끼도록 만들어보자.

사춘기의 주인공:
월경

월경은 사춘기 때 나타나는 가장 큰 현상이야. 사춘기의 본행사지. 그러니까 월경 이야기를 해보자. 목소리 높여 이야기하는 걸 두려워하지 말자고! 인구의 거의 절반이 월경하는데도 사람들은 아직 이를 속닥속닥 말하거나 아니면 아예 입 밖에도 꺼내지 않아야 한다고 생각하잖아. 월경을 부끄러워할 현상으로 여기질 않나, 삶의 기본을 이루는 필수적인 생리 작용이 아닌 것처럼 생각하질 않나.

최근에 사람들이 많은 시내 중심에 있는 약국에 탐폰을 사러 간 적이 있어. 가장 중요한 생필품을 찾느라 두리번거렸는데 가게 뒤쪽 구석, 고상하게 '한 달에 한 번, 위생용품'이라고 이름 붙인 자리에 가려지다시피 있지 뭐야. '생리'나 '질에서 피가 흐르는 것을 관리하는 제품' 같은 이름을 쓰기라도 하면, 사람들을 불편하게 하나 보지(더 중요한 것이 대체 무엇인지 알기나 하는 건지).

돌려 말하기는 약국에서만 일어나는 일이 아니야. 어디에 눈을 돌려도 다 있어. 월경을 월경이라고 말하지 않고 다음과 같이 말하는 걸 얼마나 많이 들어봤니?

그중에서도 내가 배꼽을 부여잡고 뒹구는 표현은 바로 이거야.

도대체 누가 이런 말을 지어냈을까?

그래, 나도 왜 월경이 이렇게 졸렬하게 돌려 말하기로 언급되는지 이해는 돼. 생리에서 뺄 수 없는 육체적, 감정적 고통이 여자로 태어났다는 이유만으로 우리에게 주어진 크나큰 불평등으로 보일 때가 있거든. 하지만 우리를 세상에 존재하게 하는 이 대단한 자연 현상을 이렇게 어리석게 쉬쉬하는 말은 남자가 됐든 여자가 됐든 아무에게도 도움이 되지 못한다고 생각해. 오히려 여성의 몸이 할 수 있는 모든 멋진 일과 월경을 축복하는 편이 어떨까?

우리는 한 달에 닷새 정도 월경을 하지만 그래도 이런 일을 모두 할 수 있단다.

▶ 마라톤에서 달리기
▶ 국가 경영하기
▶ 주요 기업 경영도 마찬가지
▶ 등산하기
▶ 축구하기
▶ 사실 다른 모든 일도 거의 다 할 수 있지

남자들은 생리를 하지 않으니까 불공평해 보일 때도 간혹 있어. 하지만 우리는 씨름해야 하는 음경이 없잖아. 음경을 달고 살기는 상당히 거추장스러울 것 같거든. 몽정에 관한 이야기도 들었는데 그다지 재미있지도, 희망적으로 들리지도 않더구나. 또래 남자아이에게 용기 내어 이렇게 한번 말해보렴. '28일마다 네 몸에서 핏덩이가 빠져나간다고 생각해봐!' 그럼 두려움으로 얼굴이 어두워지는 모습을 보게 될 거야. 남자들은 그런 생각조차 견디기 힘들어해. 너 그거 아니? 남자들의 삶은 우리만큼 풍성하지 못해. 월경이 우리를 아주 강하게 해주기 때문이야.

월경 덕분에 우리는
사자의 심장을 가진 것처럼
용감해진단다.

월경이 여자를 약하고 믿을 수 없는 사람으로 만든다는 생각은 무례한 정도가 아니라 사실이 아니야. 미국 코미디 방송인《사우스 파크 South Park》에서 특히 어처구니없는 장면이 있었는데, 어떤 학교의 남자 선생님이 닷새 동안 피를 흘리고도 안 죽는 여자라는 존재를 절대 믿지 못한다고 말하는 부분이었어. 그걸 코미디라고, 쯧쯧. 하지만 우리 여자들은 알지. 우리를 죽이지 못하는 것은 오히려 우리를 강하게 만들 뿐이라는 사실을.

어서 덤벼 보라지.

월경에 관한 소문과 진실

월경의 오명을 벗기기 위해 이제 근거 없는 소문을 박살내고 진실을 널리 알리자꾸나.

피가 날 거야.

월경을 시작하기 전에 나는 어쩌다 보니 매달 피를 오줌처럼 싼다고 생각했어. 월경 때 어떤 일이 일어나는지 정확하게 보여주기 힘들어서였을까. 최근까지만 하더라도 생리대 광고에서 피 대신 파란색 투명한 액체를 사용했지. 그런 식으로 보여주니 월경이 어떻게 일어나는지 모를 수밖에. 학교에서도 마찬가지로 정보가 뒤죽박죽이었어. 매달 두 찻숟가락 정도 피가 나온다고 들은 기억이 나. 월경이 마치 오후에 할머니

집에 모여 잼과 스콘을 먹는 행복한 일인 마냥. 하지만 이런 이야기는 결국 사실이 아니더라. 나는 두 찻숟가락 정도 되는 파란색 피를 흘리지 않았거든. 사실 매달 피의 양이 달랐어. 일단 사람마다 '양'이 다른 데다, 어느 달은 피가 많이 나와서 몸 밖으로 흐른다는 느낌이 느껴질 정도야. 퍽이나 좋겠다, 그렇지? 그리고 양이 너무 적어서 월경했는지 의심이 될 정도일 때도 있어. 가뜩이나 헷갈리는데, 스트레스가 너무 심할 때는 월경을 건너뛸 때도 있단다. 힘든 시기에는 네 몸이 생식기능을 하지 않도록 보호하는 차원에서 암흑기로 돌아가는 거야. 오늘날에는 이동 중에 바이킹이나 야만족과 마주칠 일이 거의 없기 때문에, 대신 월경은 시험, 인간관계, 학교 공부 같은 다른 힘든 상황의 영향을 받는 거고.

사고가 일어날 때도 있을 거야.

방학 때 요크셔에 놀러 간 적이 있는데 꽃무늬가 그려진 우아하고 포근한 가구가 있는 시골집에서 묵었었어. 너무 고급스러워서 내가 앉기만 해도 더러워질 것 같은 느낌이 들었지. 과연 무슨 일이 있어났을까? 정말 나 때문에 더러워졌어! 오후에 오랜 시간 앉아서 모노폴리 게임을 하고 일어났는데 쿠션에 묻은 피를 보게 된 거야. 쥐구멍에라도 숨고 싶었다니까.

그런데 이런 일은 언제든 일어날 수 있단다. 나는 여자고, 여자는 월경을 하잖아. 그리고 뜻하지 않게 피가 새서 의자에 묻을 때도 있어. 사실 아직도 일 년에 최소 두 번 정도는 이런 일이 생겨. 월경한 지 25년이 다

되었는데도 말이지. 이만큼 오래 했으면 도사가 되었으리라 생각하겠지만 몸은 … 글쎄, 마음대로 되지 않아. 예상치 못하게 갑자기 피가 너무 많이 나와서 화장실이 범죄 현장처럼 보일 때도 있을 거야. 피가 새서 옷에 묻는 바람에 그걸 가리려고 외투를 허리에 묶은 적도 몇 번 있어. 얼룩을 지우려고 침대 이불을 몰래 세탁기에 집어넣고 90도나 되는 물로 세탁하기도 했어.

하지만 묻은 피를 숨기지 못할 때도 분명히 생길 거야. 창피해하는 태도는 네게 전혀 도움이 되지 않을 거야.

월경은 우리 모두 겪는 일이야.
생물학적으로 겪어야만 하는 일이고.
그러니 자연스럽게 두면 돼.
네 생각보다 피가 더 많이
나올 때도 간혹 있겠지만
부끄러워할 일은 절대 아니란다.

내가 오히려 겁을 주는 듯하구나. 하지만 장담하는 데 괜찮을 거야. 너는 꿋꿋하게 살아갈 테고, 월경하는 중에는 흰 바지나 옅은 색 치마를 입지 않는 지혜도 터득할 거니까. 별로 어렵지 않지?

탐폰은 무서운 물건이 아니야.

온갖 소문과 근거 없는 이야기가 돌다 보니 탐폰을 써서 처녀막이 찢어졌다는 둥(사실이 아니야) 죽을병에 걸렸다는 둥(독성충격증후군이라는 질병이 실제로 있긴 하지만 극히 드물어) 탐폰이 몸 안으로 타고 들어가 버렸다는 둥(네 질이 무한히 아름답긴 해도 무한히 이어지는 수로는 아니란다) 별의별 말을 다 들었을 거야.

탐폰은 네 친구야. 물론 진짜 친구는 아니지(진짜 친구라면 큰일이야). 그러니까 내 말은 생각보다 질에 넣기도 훨씬 쉽고 네게 도움이 되는 물건이라는 거야. 처음으로 시도할 때는 크기가 조금 작은 '레귤러'나 '라이트'에 애플리케이터가 있는 종류를 사용하면 훨씬 쉬울 거야(무슨 이유에서인지 탐폰 회사 대부분은 라이트light의 철자를 꼭 lite로 쓰는데 너도 나중에 한번 보렴). 탐폰 사용법은 자전거 타기를 배우는 것과 꽤 비슷해. 탐폰이 사용하기도 훨씬 쉽고 무릎을 다칠 걱정도 없긴 하지만.

볼일이 끝나더라도 탐폰을 변기에 던져 넣고 물을 내리지 마. 항상 쓰레기통에 버리렴. 탐폰을 변기에 툭 던지고 물을 내려버리는 것이 가장 편해 보이겠지만, 물 위로 애플리케이터가 다시 둥둥 떠오를 때가 많거든(특히 변기에서 다시 건져 올려야 할 때는 아주 당혹스러울 거야). 그리고 변기 배관을 타고 내려간 모든 것은 결국 바다로 흘러간단다. 무심코 위생용품을 버리려다가 우리가 사는 지구조차 해칠 수 있다는 말이지(여자로 살기란 참 고달픈 일이야). 그러니까 사용한 탐폰은 휴지로 싸서 쓰레기통에 버리거나 아니면 처리하기 더 수월하도록 가방에 위생 봉투를 들고 다니는 것이 좋겠지?

가방에서 어쩌다 위생 봉투나 탐폰이 굴러 나오더라도 부끄러워하지 마. 너는 여자야. 월경하는 게 당연하지. 네 물건을 보고 키득거리는 녀석이야말로 철이 들어야 한다고.

너는 선택권이 있어. 그것도 아주 많이!

만약 남자들이 월경을 했다면, 그 시기를 잘 넘기도록 도와주는 도구가 넘쳐났을 거야. 텔레비전에서는 황금 시간대에 제러미 클라크슨이 월경 용품을 시험하는 방송을 보여줬을 테지. 잡지란 잡지는 남자들이 개발해낸 피 흡수 용품으로 가득했을 거야. 인류가 달에 사람도 보내고 아이폰도 발명했는데, 위생용품이라고는 매장 저 뒤편에 숨어있는 생리대와 탐폰이 현대 기술의 절정이라면 기가 찰 노릇 아니니?

하지만 다행히도 시대가 변하고 있어. 월경을 대할 때 결벽증적인 태도가 많이 없어진 데다 월경이 '저주'가 아니라 삶의 일부라는 사실을 깨달으며 여자들이 용기를 얻고 있거든. 따라서 회사들이 기술을 개발하려고 열심히 노력하고 상상력을 발휘하여 생리대와 탐폰의 대체품을 많이 고안해 내는 중이야. 이제 떵스Thinx라는 회사에서 만든, 피를 흡수하는 위생 팬티를 사도 돼. 저녁에 위생 팬티를 세탁기에 던져 넣고 할 일을 하러 가면 돼. 여자로 태어났다는 이유로 '일회용 생리대를 쓰면 지구를 파괴하지 않을까?'라는 죄책감을 느낄 필요도 없이 말이야. 참 획기적이지?

문컵Mooncups이라는 회사에서 만든 생리컵도 있는데, 이 제품은 나온 지 꽤 됐어. 2000년대 초반 문컵 광고가 화장실 문 여기저기에 붙기 시작할 때 얼마나 웃었는지. 문컵이라고? 별의별 것이 다 나오네! 왠지 요정이 찾아와서 네 질에다 컵을 집어넣을 것 같은 어감이잖아. 그때는 '고맙지만 사양할게요.' 그랬지. 그런데 매달 사야 하는 위생용품에 따라오는 경제적 낭비와 환경오염을 여자들이 점점 인식하면서 생리컵의 인기가 올라갔어. 방법도 쉬워. 문컵을 질에 넣고 컵이 차면 비우기만 하면 돼. 매달 재사용할 수 있고 심지어 식기 세척기에 넣어도 된단다. 다만 부모님이 계량컵으로 착각해서 부엌 찬장에 넣지 않도록 조심하렴.

너는 편안하게 월경할 권리를 위해 맞서 싸울 자격이 충분히 있어.
더 핑크 프로테스트The Pink Protest는 20대 젊은 여성들 몇몇이 모여 설립한 단체야. 이 훌륭한 활동가들은 월경 용품을 살 형편이 여의치 않은 여성들의 월경 빈곤 경험을 끝내기 위해 열심히 노력한단다. 창립자인 스칼릿 커티스, 그레이스 캠벨, 허니 로스, 앨리스 스키너는 자기 몸을 향해 편안한 마음을 갖는 한 가지 방법으로서, 페미니즘이라는 개념을 사용하여 다른 여자들에게 힘을 실어주는 공동체를 만들고자 했어. 그렇게 핑크 프로테스트가 탄생했지. 이들의 활동은 아미카 조지와도 방향이 비슷해. 아미카 조지는 수입이 낮은 가정의 자녀에게 무상으로 위생용품을 지급하는 캠페인인 프리피리어즈FreePeriods라는 생리해방 운동을 시작했거든. 그렇게 눈에 보이는 변화가 점점 생기고 있단다! 스코틀랜드의 학교는 이미 여학생들에게 위생용품을 제공하고 있고 곧 영국의 학교에서도 시행될 거라고 해. 참, 개비 에들린이라는 활동가도 있는데, 블러디 굿 피리어드Bloody Good Period라는 자선단체를 설립하여 난민과 망명자에게 위생용품을 제공하고 있어. 이 모두가 변화를 도모하기 위해 길을 닦는 젊은 여성들 덕분이지.

그렇다고 너도 전국적인 캠페인을 벌일 필요는 없어. 그렇지만 너희 학교의 시설이 열악하다면(이를테면 위생용품을 버리는 쓰레기통이 아주 더럽거나 아예 버리는 곳 자체도 없다면) 그런 상황에 관해 소리칠 자격은 충분히 있다는 말이지. 이해해 줄 만한 선생님께 가서 심각성을 잘 전달해도 되고 부모님과 친구들에게 알려도 돼. 분명 네 이야기를 들어줄 거야. 2017년, 전 세계인들의 격렬한 항의를 빗발치게 하는 사건이 있었어. 뉴질랜드에 있는 어느 학교가 월경을 막 시작한 열 살짜리 여학생에게 부모님이 따로 위생용품을 버릴 쓰레기통을 사주지 않으면 건물에 들어오지 못하도록 하겠다고 조치한 일이었지. 한술 더 떠서 심지어 학교 측은 피임약을 먹여서 월경을 잘 '처리'하게 해달라고 그 여학생의 부모님에게 제안까지 했지 뭐야. 그리고 내가 이 책을 집필하는 동안에도 희한한 뉴스가 보도되었단다. 브리스틀 지역에서 열한 살 난 여학생이 남자 선생님의 저지 때문에 수업 시간에 화장실에 가지 못했고 결국 피가 옷으로 새어 나온 사건이었어. 이런 일은 아직도 일어나고 있어. 그러니 우리가 모두 행복하게 살기 위해서는 월경을 쉬쉬하지 않고 오히려 당당하게 입 밖에 내야 해. 월경이 창피하다는 생각을 깨부숴야지. 월경은 나쁜 일이 아니라 자랑스러워할 일이야. 아이에서 여성으로 멋지게 탈바꿈하며 겪는 통과 의례니까.

월경은 기대할만한 일이 될지도 몰라!

웃지 마. 정말 사실이야! 나도 월경이 힘들다고 말해야 한다는 건 알아. 잘 알지. 월경에 관한 이야기는 고통과 괴로움이 대부분이니까. 월경 전 증후군 때문에 감정은 롤러코스터처럼 오르락내리락하지, 게다가 생리통은 또 어떻고? 월경하면서 좋아서 행복해하는 사람이 있다고 생전 들어본 적도 없을 거야. 그렇다면 우리가 그렇게 한 번 돼보면 어떨까? 월경을 새로운 시선으로 바라본다면 참고 견뎌야 하는 시간이 아니라 축하할 시간으로 느끼지 않을까? 월경통과 치밀어오는 신경질을 모두 무시하라는 말이 아니야. 단지 월경 기간이 시작되면 너 자신을 특별 대우하도록 쉴 시간을 마련하라는 이야기야. 욕조에 물을 받아 목욕하거나 방문을 잠그고 책을 읽어도 좋아. 부모님과 이야기하기를 거부해도 정당화되는 시간을 맘껏 즐겨도 되고('나 지금 월경하는 중이야.'라고 끙끙 앓는 소리를 내). 무슨 말인지 알겠지? 월경 용품과 작은 선물이 담긴 상자를 매달 집으로 보내주는 정기구독 서비스도 아주 많아. 어떤 서비스는 탐폰 한 상자 가격밖에 안 되니 저렴하기도 해.

'매달 찾아오는 그 시간'은 행복을 맛보며 너 자신을 돌보는 시간을 의미하는 말인지도 몰라.

호르몬의 변화를 존중해도 돼.

나는 오랜 시간 동안 분노와 슬픔이라는 진실한 감정을 '그냥 호르몬의 영향일 뿐'이라고 여기며 무시해 왔어. 분노와 슬픔은 진짜 내 감정인데도 하필이면 월경 기간에 이런 마음이 올라왔기 때문에 제대로 들여다보지 않았던 거야. 여자가 월경하고 있어서 '호르몬 변화'의 영향을 받을 때는 다른 사람이 그 여자의 감정을 무시해도 된다는 무언의 규칙이 있잖아. 그래야 나머지 모든 사람이 편해지니까.

그따위 규칙, 집어치우라고 해.

잘 들어봐, 호르몬은 괜히 호르몬이 아니야. 호르몬은 몸의 중요한 기능을 제어하도록 강력한 화학물질을 전달하는 역할을 해. 특히 여자의 호르몬을 무시하는 것은 완전히 미친 짓이야. 아니, 미친 정도가 아니야. 기본적으로 여자가 일 년에 평균 석 달 동안 느끼는 감정을 무시하는 짓이야. 여자는 대략 석 달 동안 월경 전 증후군을 겪거든. 그러니 호르몬 때문에 분노의 감정을 느낀다고 해서 속 태울 필요는 없어. 그런 일은 지극히 정상이야. 너는 여자에게 있는 가장 강력한 화학물질과 맞붙어 싸우고 있는 거야. 어느 정도 힘들 수밖에 없지. 자, 알겠지? '단순히' 호르몬의 영향을 받는 것이 아니야. 인간적이고 너답게 살고 있는 거야. 너는 화나거나 슬프거나 다른 어떤 감정이든 느낄 권리가 있어. 우리가 여자라는 이유만으로 남들이 우리의 감정을 무시하는 짓은 인제 그만두어야 할 때야.

월경 주기는
몸에 귀를 기울일 좋은 기회란다

.

몸의 자연스러운 주기를 파악하고 싶다면 글로우 Glow같은 월경 애플리케이션을 써도 좋아. 나는 무료로 내려받았는데, 월경 전 증후군이 언제 시작하는지 잘 알려줘서 자기 관리 계획을 미리 세우기 쉬워. 이 기간에는 잘 토라지거나 험담하기 좋아하는 친구와 만남을 피하는 것도 좋은 방법이야. 엄마에게 며칠 동안은 네 방에서 '혼자'만의 시간을 보내겠으니 걱정하지 않아도 된다고 잘 설명해도 되고.

네 몸이 필요하다고 느끼는 음식을 먹어. 월경이 다가올 때 돼지처럼 먹고 싶으면 마음껏 먹어! 그렇다고 갑자기 해가 서쪽에서 뜰 일은 없으니까. 죄책감 느끼지 마. 월경 전 증후군과 월경통의 보상이라고 생각해. '한 달에 한 번, 거의 일주일간 피가 흐른다고요. 그러니 내가 양동이 만한 아이스크림을 먹어도 신경 쓰지 마세요. 문제 있어요? 그럼 당신이 나 대신 월경을 겪어 보라고요!' 너 자신한테 너무 가혹하게 굴지 않아도 돼.

샌드백을 하나 사거나 달리기를 해봐. 가끔씩 이유도 없이 화가 치밀어 오르는 감정을 느낄 지도 모르는데, 이런 일은 네 안에서 들끓어 오르는 엄청난 감정을 네 마음이 처리하고 있기 때문이야. 나는 권투 글러브와 펀치 패드를 사서 감정을 내쏟는 사람도 본 적이 있어.

네 몸을 존중해줘. 때로는 제 기능을 전혀 못하는 것처럼 보여도 몸은 무엇을 해야 할지 잘 알고 있단다. 처음으로 신발 끈 묶는 방법을 익히거나 악기를 배울 때 느끼는 좌절감을 기억하지? '호르몬'의 습격을 그런 것과 비슷하다고 여기렴. 처음에는 엉망이고 서툴지만 결국 네 몸도 잘 조절할 수 있게 될 거야.

69

사춘기의 조연:
털, 피부, 그리고 체취

사춘기가 글래스턴베리 음악 페스티벌이라면 월경은 피라미드 스테이지(글래스턴베리 페스티벌의 주요 무대 - 옮긴이)에 오르는 주인공 가수인 비욘세야. 비욘세는 맨 마지막에 멋지게 등장하지. 다른 무대에서 조연 가수들이 관심을 끌려고 고래고래 소리를 지르며 분위기를 띄우고 나서 말이야. 사춘기의 조연 가수가 바로 털, 피부, 체취야. 월경 전, 몸에 털이 나고 체취도 고약해져. 피부에 기름기가 많이 생기고 여드름이 생기기도 하지. 물론 글래스턴베리 페스티벌에 가는 것이 네 소원이라면, 세계에서 가장 유명한 음악 축제와 사춘기의 고난을 같은 선상에 두기는 힘들겠지. 하지만 네가 나와 비슷해서 캠핑하기, 진흙탕, 제대로 된 화장실에 닷새 동안 가지 못하는 페스티벌 상황이 끔찍스럽다면 이런 비유를 잘 이해하리라고 봐. 왜냐하면 글래스턴베리 페스티벌에 억지로 가게 된 상황인 마냥, 사춘기 역시 어떻게든 빠져나와야 하는 시간처럼 느껴질 때가 있거든. (네가 어른이 되면 내가 그 페스티벌에 갔다 온 이야기를 자세히 해줄게. 미리 힌트를 줄까? 엄청난 양의 사과술, 위네바고 캠핑카, 바이러스성 결막염. 참고로, 사건이 일어난 순서와는 상관이 없단다.)

지금부터 사춘기 축제에서 역할을 톡톡히 맡은 조연들에 관해 자세히 알려줄게.

피부

아주 어릴 때 우리는 피부가 어떤지 생각조차 하지 않아. 피부는 긁히고 멍들고, 깁스로 싸 매여 있거나 진짜 문신같이 보이는 가짜 문신 스티커로 가득했지. 이런 것 외에 피부의 목적은 외부요인에서 신체 내부를 보호하는 것뿐이었어.

그런데 십 대에 들어서면 갑자기 피부에 엄청 신경이 쓰일 거야. 유분이 많아지고 여드름이 생기지. 지구 북반구에 있는 모든 박테리아가 네 얼굴 위에서 파티를 벌인다는 생각이 들 정도야. 박테리아들이 연회 장소로 네 피부를 통째로 빌리기라도 한 것 같아. 다른 사람들에게 보여주려고 달린 얼굴이라는 생각이 안 들어. 어릴 때 나는 여드름을 짜기도 했고(부탁인데 제발 짜지 마) 여드름을 짜지 않을 때는 용돈을 모아서 피부가 좋아진다는 로션과 약을 사곤 했어. 사실 그런 제품을 바르고 나서 피부가 더 따끔거리고 얼얼해졌을뿐더러 벌겋게 염증이 더 악화되기만 했지 뭐야.

그런데 사실은 말이야, 다른 사람들은 네 얼굴이 어떤지 눈곱만큼도 관심이 없단다. 네가 무언가를 바라보는 방식과 남들이 바라보는 방식은 완전히 달라.

자, 너는 이렇게 생각하겠지:

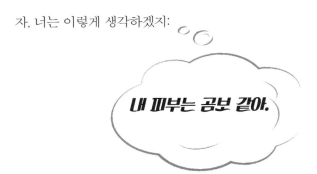

내 피부는 곰보 같아.

다른 사람은 이렇게 생각해:

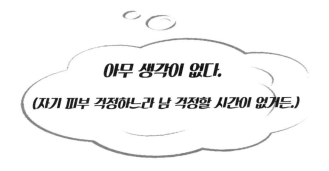

아무 생각이 없다.
(자기 피부 걱정하느라 남 걱정할 시간이 없거든.)

네 얼굴에서 벌어지는 여드름 파티는 정말로 네 머릿속에만 있는 생각이야. 다른 사람들은 자기 피부에서 벌어지는 파티를 진정시키려고 하고 있거든. 그리고 네 여드름이 유독 커 보이는 이유는 코앞에 있는 거울로 보기 때문이야. 다른 누구도 네 여드름을 그렇게 자세히 보지 않아. 설령 누군가 네 얼굴에 난 여드름을 알아챘다고 하더라도, 장담하는데 1초도 되지 않아서 이미 다른 생각을 하고 말 거야. 자기 얼굴에 올라오는 여드름을 생각할 걸?

물론 여드름이 나면 아프고 짜증이 나고 자신감도 줄어들지. 하지만 여드름이 얼굴도 못살게 구는데, 머릿속까지 못살게 굴도록 내버려 둘 거니?

여드름이 너를 무너뜨리지 못하게, 여드름을 이길 수 있는 몇 가지 나만의 팁을 알려줄게.

▶제발 피부를 가만히 내버려 두렴. 중세 시대에 종기를 절개하는 데 쓰인 것만 같은 뾰족한 물건으로 여드름을 쿡쿡 찌르지 마. 손으로 자꾸 만지지도 말고.

▶페인트도 벗길 만큼 독한 화학물질이 들어 있는 각질 제거제는 사용하지 않는 것이 좋아.

▶나라면 피부 필링은 피하겠어. 적도 독살할 만큼 독한 성분이 들어간 제품도 피하고. 마스크팩은 괜찮아. 그건 재밌고 좋지. 그래도 '박피'라는 단어가 적힌 것은 피하려무나.

▶네 피부는 완벽하다는 사실을 기억해. 전신을 모두 감싸고 있는 피부는 할 일을 잘하고 있어. 연예인이나 인플루언서들은 대부분 카메라 필터를 사용하기 때문에 모공 하나 없어 보이지만, 모공이 없는 사람이 어딨겠니? 만일 없다면 피부는 메마르는 동시에 괴상한 물풍선처럼 부풀어 오를 거야. 모공은 피부에 윤기를 주기도 하고 땀을 배출하여 체온을 조절하거든. 패션계 종사자, 잡지 편집자, 수백만 팔로워를 보유한 인스타그램 스타들은 모공이 싫겠지. 하지만 모공이 없으면 사람은 죽은 목숨이나 마찬가지야.

▶피부는 원래 울퉁불퉁하고 거칠기 마련이야. 그게 피부가 하는 일이니까. 영원히 남아 있는 여드름은 단 하나도 없어. 상처가 될 수는 있다는 사실은 인정해. 하지만 다른 사람은 자기의 지극히 불완전한 결점을 보느라 네 결점을 보지 못한다. 내 말을 믿어봐. 그리고 모든 사람은 자기 몸에서 마음에 들지 않는 부분이 꼭 몇 가지씩 있어. 그것 때문에 너 자신을 한정 짓지 않길 바래.

체취

대체 무슨 냄새야? 너한테서 풍기는 냄새야. 정말이야. 이런 말을 해야 한다니 정말 싫지만 … 모든 인간은 조금씩 이상한 냄새를 풍겨. 공과금을 납부해야 하는 것 이외에 어른으로서 불리한 점 중 몇 안 되는 하나지. 심지어 어떤 어른들은 냄새를 나쁜 점이라고 보지 않기도 해. 좋아하는 어른도 있지. 솔직히 말하면 씻지 않은 나를 더 좋아하는 남자친구도 있었단다. 얘들아, 그 남자와는 오래 가지 못했어.

열두 살 때였어. 코를 찌르는 이 냄새를 알아챈 적은 내가 케밥 가게를 지나고 나서 밖에 없었거든. 그래서 내가 항상 맡는 냄새가 다른 사람에게서 풍기는 냄새라고 확신했던 기억이 나. 하지만 이럴 수가! 사춘기를 겪는 대부분의 십 대처럼, 내게서 풍기는 암내였던 거야. 처음에는 몸서리쳤지. 하지만 이제는 알아. '이. 지구에. 사는. 모든. 인간이. 냄새를. 풍긴다.'는 사실을.

한 번 더 말하지만, 십 대 시절 내 생각과 다른 사람들의 생각은 아주 달랐어.

내 생각:

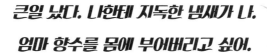

큰일 났다. 나한테 지독한 냄새가 나.
엄마 향수를 몸에 부어버리고 싶어.

내 친구들 생각:

큰일 났다.
나한테서 지독한 냄새가 나. 가만있자,
그런데 왜 브리오니는 샤넬 No. 5 향수로
방금 목욕한 것 같지?

체취는 별 볼일 없는 조연이기 때문에 쉽게 해결할 수 있어.

● 체취는 피부 위의 박테리아가 땀을 분해하면서 생기는 현상
 이고 특히 사타구니와 겨드랑이에 있는 아포크린샘과 연관되

어 있어. 그러니까 그 두 군데가 다리나 몸의 다른 부분보다 냄새가 더 고약할 거라는 말이지. 항균 비누로 몸을 씻고 옷을 자주 빨아 입어. 냄새를 없애려고 해야지 감추려고 하면 안돼.(처음에는 이렇게 초보적인 실수를 저지르는 사람이 많아.)

● 데오드란트를 사서 매일 발라.

● 그리고, 음, 그게 끝이야!

털

우리 몸은 털로 완전히 덮여있어. 그래, 맞아. 여자인 네 몸도 마찬가지라고. 대체로 아주 가느다란 털이겠지만 어른이 되면서 겨드랑이, 다리, 음부 주변에는 털이 두껍게 날 거야. 아주 정상적인 현상이야. 진화론적 입장에서 보면 음부와 겨드랑이에 털이 나는 이유는 수없이 많아. 먼지가 못 침투하게 보호하는 기능, 몸을 시원하게 하거나 따뜻하게 유지하는 기능을 포함하여 끝이 없지. 하지만 이 털을 없애야 하는 이유는 단 한 가지뿐이야. '섹시'해 보이지 않는다나, 뭐라나 … 왜냐하면 섹시해 보이는 것이 당연하게도 세상에서 중요하기 때문이란다. (여기에 어이없어하는 이모티콘 넣어줘요) 나도 다른 여자들과 다를 바 없이 겨드랑이와 다리에 있는 털을 밀어. 그래도 나는 확고하게 믿는 것이 있어. 그 믿음은 바로 우주가 선사한 우리의 몸을 부끄러워하는 사람이 없어야 한다는 것 그리고 머리카락을 제외한 몸의 모든 털을 밀어야 한다고 생각할 필요가 없다는 거야.

나는 제모 전문가는 아니야. 하지만 제모하는 방법 대부분이 아프고 번거롭다는 사실만큼은 알아. 털을 밀다가 실수로 면도기로 발목 피부를 벨지도 몰라. 보아하니 레이저 시술도 유행이던데, 다스 베이더가 행성을 파괴하는 상상 속에서 쓰는 레이저 기술을 제모에도 쓸 만큼 내 겨드랑이털이 골칫덩이인지는 모르겠어. 제모 크림을 바르고 오래 방치하면 미친 듯이 화끈거리고 붉게 부풀어 오르는데, 피부가 퍽도 고마워하겠다. 왁싱은 내가 절대로 겪고 싶지 않은 고통의 세계야. 나는 아이도 낳았단다. 고통은 그것으로 충분해. 왁싱에 관해 알아두어야 할 다른 것이 또 있냐고? 피부 속으로 파고드는 털을 감당해야 하고, 털은 다시 자라나고, 매번 비싼 돈을 내고 왁싱을 받아야 한다는 것, 이 정도면 충분하지?

제모에 관한 내 생각은 그래. 이를테면 이번 주말에 넷플릭스에서 무엇을 볼지 고민하는 시간이나 에너지 이상은 쓰지 말아야 한다고. 나는 며칠에 한 번 눈썹 잔털을 대충 뽑고, 슈퍼마리오처럼 수염이 풍성해지면 인중 털을 제거하고, 샤워하면서 일주일에 두세 번 겨드랑이와 다리 털을 밀어. 그리고 누군가가 나를 진정 사랑한다면 내 털조차 사랑한다는 철칙을 가지고 살고 있어. 수영하러 갈 때도 다른 사람의 눈살을 찌푸리게 할까 봐 걱정하지 않아. 솔직히 내 허벅지 안쪽을 자세히 들여다 보는 사람이 이상한 것 아니니? 그런 사람들의 정신 상태란, 쯧쯧!

사춘기 때 들을만한 음악 목록

(이 모든 과정을 조금이나마 덜 불쾌하게 느끼라고 내가 손수 고른 노래야.)

월경을 시작할 때:

테일러 스위프트의 'Bad Blood'

리오나 루이스의 'Bleeding Love'

몸의 아랫부분에서 갑자기 무언가가 느껴질 때:

디바이널스의 'I Touch Myself'

케이티 페리의 'Teenage Dream'

몸에서 나는 냄새가 이상해지고 두꺼운 털이 나고 피부가 여드름으로 덮일 때:

너바나의 'Smells Like Teen Spirit'

위터스의 'Teenage Dirtbag'
(걸스 얼라우드 버전도 정말 좋아)

악틱 몽키즈의 'Fluorescent Adolescent'

너는 필요와 욕구가 있는 사람이야. 부끄러워하지 마!

태어나서 그런 느낌은 처음이었어

대부분의 사람들처럼 나도 자위행위가 무엇인지 알기도 전에 자위행위에 눈뜨게 되었어.

내가 열한 살 때 세상은 지겹고 따분한 곳으로만 보였어. 나보다 두 살 어린 여동생은 언제나 실바니안 패밀리 인형을 가지고 놀자고 졸라댔어. 나는 일단 알았다고 하고는 동생이 아끼는 실바니안 마을에 지진이 일어났다며 골려 먹곤 했지. 그런데도 동생은 인형 놀이가 그렇게 하고 싶었나봐. 한때는 엎치락뒤치락 서로 머리를 잡아당기고 장난감을 뺏던 좋은 친구였지만 언젠가부터 내가 동생보다 훨씬 성숙해져 버린 느낌이 들었어. '나를 어떻게 생각하는 거야? 내가 자기처럼 어린아이야?' 그렇게 따분한 나날을 보내다가 어느 날 엄마가 나를 토하고 싶게 하는 소식을 발표했어. 남동생을 임신했다는 거야. 그 소식은 세상에 이런 말을 외치는 거나 다름이 없었어.

얼마 전에 엄마와 아빠가 섹스했다니, 으아아아악!

그때만 하더라도 신나는 일이라고는 제일 친한 친구인 케이티와 〈심프슨 가족〉이나 뉴 키즈 온 더 블록을 이야기하는 것밖에 없었거든.

참, 동네 체육 센터에서 수영하는 중에 처음 성적으로 눈을 뜬 것도 신나는 일에 넣어야겠구나.

그 당시에는 내 행동이 성적 흥분을 느끼려고 하는 행동인지도 정말 몰랐어. 다시 한번 확실히 해두지만, 그땐 몸이 존재한다는 사실 이외에는 내 몸에 관해 아무것도 몰랐어. 그렇게 무지한 상태로 세상에 나가서 스스로 성적 흥분을 느꼈다는 사실 자체가 작은 기적으로 보이기도 해. 하지만 제프 골드블룸이 영화 〈쥐라기 공원〉(내 청소년기 시절의 명작이었지)에서 '생명은 살길을 찾아내고야 말지.'라고 멋지게 말했듯이, 생명은 정말 무슨 일이 있어도 살길을 찾아내고야 만단다.

(엄마, 아빠! 혹시 실수로라도 이 책을 읽기 시작했다면 지금이 책을 덮을 가장 좋을 때일 거예요.)

우리 가족은 매주 가까이에 있는 브렌트퍼드 파운틴 체육 센터의 수영장에 놀러 가곤 했어. 1991년경 런던의 교외 지역에서는 동네 수영장이 유일하게 갈 만한 곳이었어. 트로카데로 센터에 있는 레이저 퀘스트도 괜찮았지만 너무 비쌌거든. 어쨌든 이 시간은 고든 집안의 '가족' 시간으로 통했지. 수영장에서 놀다가 올 때면 10펜스짜리 워커스 솔트 앤 셰이크 과자(무엇인지 찾아보렴)를 먹었어. 만지작거릴 핸드폰이 없으니까 셀카나 스냅챗이 있을 리가 없지. 가 볼만한 3D 영화관도 당연히 없었고. 우리에게 있는 거라곤 가족 그리고 간혹 내킬 때만 파도와 미끄럼틀의 물을 틀어주는, 오래되고 지저분한 체육 센터뿐이었지.

어느 날 수영장의 가장자리에 풀이 죽은 채 걸터앉아 있었어. 화려하지도 멋지지도 않은 따분한 열한 살 인생에 심술이 잔뜩 난 날이었어. 나한테는 오라고 말도 하지 않고 … 자기들끼리 신나게 노는 친구들을 떠올렸어. 체싱턴에 있는 테마파크에 갔거나 운이 좋으면 소프 파크 놀이공원에 갔겠지. 귀를 뚫어도 된다고 벌써 허락받은 우리 반 친구들 몇 명도 생각이 났어. 에이미 브라운이 반에서 제일 귀여운 남자아이인 샘 샤랜드를 거의 낚아채기 직전이라는 사실도 … 뭐, 샘이 귀엽다고 인정하는 건 아니지만. 닌텐도 게임보이를 하루에 딱 30분 만 해야 한다는 말도 안 되는 규칙에도 화가 났어. 바로 그때 나는 우연히 물 분사기를 지나가게 되었는데 순간 모든 생각이 멈춰 버렸어.

나도 모르는 사이에 브렌트퍼드 파운틴 체육 센터에서 그날 오후 내 삶은 완전히 바뀌었어. 어쩌다 우연히 몸을 움직이면서 엄청난 무언가를 발견한 거야. 내 아랫부분 어딘가에 숨겨진, 짜릿한 황홀감을 느끼는 능력이었지. 그전까지 한 번도 그런 느낌을 느껴본 적이 없었거든. 게임보이를 할 때도, 아이스크림을 먹을 때도, 버거킹이라는 새로운 패스트푸드점에서 파는 맛있는 감자튀김을 먹을 때도. 매주 체육 센터에 가는 가족 나들이가 싫은 마음이 갑자기 싹 사라졌어.

물분사기 옆에 앉아서 내 할 일에만 집중했어. 한없이 만족스러운 나만의 세상에 있었기 때문에 다른 사람의 세상이 어떻게 돌아가든 크게 신경 쓰지 않았어. 지금 생각해보면 공공 수영장에서 자위했다는 사실에 얼굴이 화끈거려. 지금 그런 짓을 했으면 경찰에게 붙들려가겠지. 하지만 그때 나는 조금 나쁜 짓을 하고 있다는 것 이외에는 아무것도 몰랐어. 솔직히 다른 사람이 눈치채지 못하리라 생각하기도 했고. 별생각 없이 지나가는 사람들은 일요일 오후 동네 수영장에서 약간 긴장한 얼굴을 한 어린 여자아이로 나를 보았겠지. 별일 아닙니다, 여러분! 그냥 지나가세요! 하지만 그들은 몰랐지. 내가 시간을 때우기에 가장 신비한 방법으로 느껴진 무언가를 은밀하게 탐색하고 있었던 걸.

그 후에 나는 방에서 혼자 똑같은 느낌을 느낄 수 있다는 사실을 발견했어. 엎드리고 다리 사이에 손을 넣어서 말이야. 삶이 이렇게 황홀할 수 있다니! 발견한 이 행동이 무엇인지는 몰라도 나는 최대한 많이 해보기로 했단다. 쉬울 때도 있었고 머리를 써야 할 때도 있었지. 그러던 어느 주말 우리 가족은 친하게 지내는 다른 가족의 집에 놀러 가게 된 거야.

모두 산책하러 나갔을 때 나는 혼자 남아 손님용 침실에서 문을 걸어 잠
그고 바닥에 누워 열정적으로 자위행위를 했어.

친구야, 그때 기분은 정말 최고였단다.

그러고는 머지않아 순식간에 그 감정이 사그라들고 말았지.

빛을 향해 나가면 수치심은
사라지기 마련이야

언제라고 꼬집어 말하기는 힘들지만 언젠가부터 나는 이 행동이 수치스럽게 느껴졌어. 아마 사춘기에 제대로 들어서면서 내 몸이 너무나 낯설게 느껴질 때쯤이었을 거야. 내가 확실하게 말할 수 있는 사실은 그 후로 자유롭게 죄책감 없이 자위행위를 다시 하기까지 25년이 걸렸다는 거야(혹시 네가 걱정할까 봐 그러는데, 공공장소에서 할 정도로 자유롭다는 말은 아니야). 그 오랜 시간 동안 나는 나 자신에 관해 온갖 끔찍하고 해롭고 올바르지 않은 생각을 하곤 했단다.

내가 성도착자의 기질이 있다는 생각이 들었어. 계속해서 성적황홀감을 느끼고 싶은 마음이 나를 악마로 만들었을까 봐 걱정할 때도 있었어.

남학생들이 항상 쾌락을 느끼고 싶어 하는 건 정상으로 보잖아. 그런데 여학생은 어떨까? 내가 본 뮤직비디오와 영화에서도, 몰래 읽은 잡지의 기사도, 우리 여자들은 상대방에게 성적 쾌락을 주는 것을 최고 목표로 삼아야 하는 사람처럼 보였어.

내가 잘못 생각해도 너무 잘못 생각한 거지.

여느 십 대 아이들처럼 나도 또래와 잘 어울리고 이상하게 보이지 않으려고 무진장 애썼어. 모든 사람이 좋아하는, 착하고 기대에 부응하는 아이가 되고 싶었어. 하지만 동시에 남들이 모르는 은밀한 삶이 따로 있는 기분이 들었어. 불이 꺼지면 방에 누워 성적인 황홀감을 느끼려는 삶. 학교에서는 친구들과 진한 키스에 관한 이야기를 하며 깔깔거리고 웃었어. 듣기만 들었지 우리 중에 실제로 해 본 사람은 거의 없었거든. 방에서 혼자 있을 때마다 몰려오는 음란한 생각에 비하면 키스 정도로 친구들과 키득키득 웃는 것은 순진한 수준이지. 우리 가족은 열심히 성당에 다니지는 않았지만, 만약 열심히 다녔다면 나는 동네 성당에 가서 고해성사하며 내 죄를 모두 고백했을 거야. 만지고 핥고, 그리고 … 정말이지 모든 행위가 있는 상상의 나래를 펼친 죄 말이야. 나는 이런 상상이, 그리고 이런 상상을 하는 나 자신이 너무나도 수치스럽게 느껴졌지.

끔찍한 비밀을 무거운 짐처럼 늘 짊어지고 다니는 기분이었어. 뉴 키즈 온 더 블록의 조던 나이트를 생각하며 내가 그에게 하고 싶은 짓을 상상하면 수치심이 밀려왔어. 그가 내게 했으면 하는 짓을 상상해도 마찬가지였지. 때로는 여자의 가슴과 여자를 상상하는 것도 수치스러웠고, 일간지인《더 선The Sun》을 한 부 내 방으로 챙겨와 〈페이지 3〉(야하게 옷을 입은 여자 모델이 주로 실린 코너 – 옮긴이)에 나온 여자를 보며 내 몸을 만진 것도 수치스러웠어. 지긋지긋한 수치심이 언젠가는 폭발할 것만 같았어.

성장하면서 나는 이 수치심을 보이지 않는 '친구'처럼 데리고 다녔단다. 더 정확하게 말하면 보이지 않는 적이라고 해야 하겠지. 어딜 가든 따라다니며 나를 비웃고 괴롭히고 나쁜 사람으로 느끼게끔 했어. 그래서 나는 착한 아이로 보이려고 뭐든지 했어. 내가 정말 하기 싫은 일조차도 말이야.

수치심은 여기서 끝나지 않아. 십 대 후반쯤 어느 날 저녁, 나는 여자인 친구와 친밀한 행동을 할 때도 부끄러웠어. 이래도 되는지 확신이 없었어. 이런 행동이 대체 무엇을 말하는 걸까? 내가 레즈비언일까? 남자를 좋아한다고 확신했었는데!

얼마 후 나는 새로운 수치심과 두려움을 가지고 와서는 원래 있던 수치심을 그 아래에 모두 묻어서 숨기는 방법을 생각해냈어. 이런 대응방법이 그다지 성공적이지는 않았지. 수 십 년이나 이 방법을 쓰고 나서야 마침내 깨달았어. 수치심을 훨훨 털어내고 나 자신을 너무 채찍질하지 말아야 했다는 사실을 말이야. 수치심은 우리를 고립시키고 외롭게 하는 가장 해로운 감정이거든. 수치심을 버리지 않으면 절대 진정한 나 자신을 찾지 못한다는 걸 알게 된 거지.

흡혈귀나 마귀와 마찬가지로
수치심은 빛을 비추면 사라지기 마련이야.
아름답고 밝은 네가 나타나면
수치심은 부풀어 오르다가 터지고 시들어
결국 죽게 될 거야.
그리고 다시는 네 눈앞에 나타나지 못할 거야.

누군가에게 홀딱 반하면
마음을 주체하기 힘들 때도 있어.

　자위 마라톤을 곧 시작할 열한 살의 나에게 돌아가 한마디 해 줄 수만 있다면. '인마, 지극히 정상적인 행동을 창피하게 생각하지 마! 왜냐하면 자위행위는 정상이거든. 슈퍼 푸드가 든 샐러드만큼이나 정상적이고 건강한 거야! 너는 다른 사람을 해치지도 않았고, 연쇄살인마도 아니야! 수치심은 멀리 뻥 차버려! 그리고 한 가지 주의할 점. 방에서 혼자 해. 공공 수영장에서 하지 말고…' 이렇게 큰 소리로 말해주고 싶어.

　자위행위를 한다고 전혀 죄책감을 느낄 필요 없어. 즐겁고, 몸의 긴장감도 풀어주고, 게다가 네 몸을 알아가는 과정이기도 해. 게다가 누구나 다 하는 거라고. 정말이야, 누구나 다 한다고. 심지어 안 한다고 말하는 사람도 다 해. 내가 사춘기 때 그랬던 것처럼 부끄러워서 안 한다고 말할 뿐이야. 자위행위를 부끄러워하는 태도는 십 대 학생들 또는 곧 십대가 되는 아이들에게 지극히 당연해. 하지만 무거운 배낭을 짊어진 듯, 그 창피함을 짊어지고 다닐 필요가 없어. 창피함을 내려놓고 행복하게 해. 변태라고 생각하지도 말고. 친구들과는 이런 이야기를 하고 싶지 않다고? 나도 그 마음 이해해. 그래도 실제로 자위할 때는 죄책감을 느끼지 말고 편하게 하렴.

자위행위는 맞고 틀린 방법이 없어. 문제는 시작할 때 네 태도야. 긍정적으로 접근하면 자위는 정말 도움이 되고 용기를 주기도 하거든. 심지어 삶에서 중요한 도구가 되기도 해. 네 느낌과 욕구를 인정할 줄 알면, 커서도 그런 감정과 소통할 능력을 갖추게 돼. 그러면 남자(또는 여자, 아니면 둘 다일 수도 있고)와 친밀한 행동을 할 때도 네가 원하는 것을 말할 수 있을 거야. 가장 중요한 점은 네가 원하지 않는 것을 말하는데도 도움이 된다는 사실이야. 그리고 별로 하고 싶지 않은 것에 쉽게 동의해 버리지 않는 능력이 생길 거야. 나는 동의해 버린 적이 있거든. 하지만 네 감정을 잘 알면 마음과 몸에 자신감이 생겨서 '싫어, 그런 건 싫어, 지금은 안 돼, 그건 절대 안 돼.'라고 말할 수 있게 돼. 네가 싫다고 했는데도 상대방이 받아들이지 않는다면 역겹고 범죄자 같은 그 녀석을 경찰에 신고해. 너는 전혀 잘못한 것이 없으니 부끄러워할 필요가 없다는 사실도 명심하고.

정신 건강의 중요성을 주장하는 활동가가 되고 나서야(수많은 사람과 수 많은 사적인 이야기를 아주 깊이 했거든), 성에 관해 느낀 내 모든 감정이 아주 정상이라는 사실을 깨달았단다. 법을 어기지 않는 이상 자기의 성적 취향을 탐색하는 것이 지극히 정상이라는 사실도 알았고. 이따금 열정적으로 자위하는 사람이 세상에 나만 있는 것도 아니었어. 나는 수많은 그들 중의 한 명일 뿐이야(다른 사람도 더 열정적으로 자위했으면 좋겠건만, 시간이 없어서 못 하는 사람도 있더구나). 결국 그런 필요와 욕구는 정상인 데다, 사실 인간이 살아남는데 필수적인 요소이기도 해. (필요와 욕구도 없이 우리가 번식할 다른 방법이 있었겠니?) 성적 행위가 없었다면 우리는 존재하지도 않았을 거야.

**다음번에 네 아랫부분의 야릇한 느낌 때문에
수치심이 든다면 이걸 기억해.
네 몸에 생물학적인 작용이
일어나는 것뿐이라는 사실을.
그러니 전혀 부끄러워할 필요가 없단다.**

자, 그래서 열한 살의 나에게 하고 싶은 말 몇 가지를 적어봤어. 자위 마라톤을 시작하며 성과 로맨스의 꿈같고 비밀스러운 세계를 경험할 열

누군가에게 홀딱 반하면 마음을 주체하기 힘들 때도 있어.

욕구는 쉽게 당장 끌 수 있는 마음이 아니야. 신기하지 않니? 그런 경험을 처음 할 때면 세상이 완전히 달라진 기분이 드는 거 말이야. 흑백 화면에서 갑자기 눈부시게 아름다운 컬러 화면으로 바뀌는《오즈의 마법사》의 한 장면 같잖아. 물론《오즈의 마법사》에 나오는 초록색 마녀들과 날개 달린 원숭이처럼, 우리의 아름다운 컬러 화면도 무섭게 느껴질 때가 있지. 왠지 다시는 예전으로 돌아갈 수 없을 것 같아서.

처음으로 누군가에게 마음을 뺏긴 경험을 기억해. 도미니크라는 남자 애였어. 그땐 정말 모든 것이 바뀔 만큼 중대한 일로 느꼈었어. 도미니크 보다 더 좋아하는 사람이 생긴다는 건 불가능해 보였어. 아예 상상조차 못 했지. 그러니 '너는 분명히 다른 사람을 좋아하게 되고 다시 또 다른 사람을 좋아하게 되고 그렇게 반복할 거야.' 또는 '솔직히 말하자면 나는 아직도 다른 사람에게 빠질 때가 있단다.'라는 말로 네 첫사랑을 별것 아닌 감정처럼 취급하진 않을게. 처음 느끼는 감정이라고 해서 그 감정이 덜 중요하지는 않으니까. 네 감정에 관해 이래라저래라 하지도 않을게. 기억하렴. 다른 사람이 네 감정에 관해 왈가왈부하도록 절대로 가만히 있지 마. (누군가 네 감정을 조종하려 든다면 당당하게 물어봐. 이 영화의 감독은 누구인지, 누가 너를 배우로 뽑았는지, 네게 배우 출연료는 얼마나 줄 건지.) 대신 나는 이런 조언을 해주고 싶어. 이 새로운 느낌과 나란히 앉아서 명상 애플리케이션을 틀어놓고 너 자신에게 되뇌어 보렴. 누군가에게 홀딱 빠진 감정이 너를 지배하는 것이 아니라, 네가 그 감정을 지배한다고.

다른 사람의 쾌락 때문에 네 즐거움을 희생하지 마.

교실에서 선생님이 시켜서 짝꿍이 된 그런 상황 말고, 내가 처음으로 남자애들과 진짜 어울려 다니기 시작했을 때 말이야, 역에서 빠져나와 멈추지 않고 달리는 고장 난 기차에 탄 기분이 계속 들었어. 물론 나도 키스하고 만지고 그런 것을 정말 하고 싶었지만 그렇게 빠른 속도로 하고 싶은지는 의문이 들었거든. 나는 기차 일정표도 보면서 내가 기차에 오를 가장 좋은 순간이 언제인지 생각하고도 싶었거든. 그런데 무슨 이유에서인지 그런 말을 하면 안 된다는 생각이 들었어. 일단 기차에 오르고 나면 비상 스위치를 눌러 다시 내릴 수는 없을까?

잘 들어, 보건 안전 규정인가 뭔가가 있는 지금 이 시대에는 언제 어디서든 비상 스위치가 있을 거야. 언제, 어디서든 말이야. 그러니까 규정을 지키려고 하지 않는 사람이라면 너와 기차를 같이 탈 만한 사람이 아니야. 그 순간 뭔가 옳지 않다는 생각이 든다면 좋은 신호가 아닌 거지. 그런데 그런 느낌이 들어도 괜찮아. 아니, 괜찮은 정도가 아니라 정말 대단한 거야. 그런 감정을 느낀다고 해서 네 잘못이 아니야. 어떠한 감정을 느끼더라도 너는 잘못하지 않았어. 부모님이 네 감정을 왈가왈부하는 것도 싫은데, 친구나 이성 친구라고 달라서 되겠니? 연애나 성적인 관계뿐만 아니라 삶의 모든 영역에 적용해도 돼. 이를테면 수학능력시험에서 선택과목으로 무엇을 결정할지도 네 의견이 중요하다는 말이지. 우리는 모든 것에 '예'라고 말하는 데서 오는 힘, 난관에 맞서서 뭐든지 주어진 대로 삶을 받아들이는 힘이 얼마나 중요한지 번번이 들어왔어. 하지만 '싫어'라고 말하는데도 힘이 있어. 그게 진정한 힘이지. 직감에 귀를 기울이고 이를 따르면 분명 네게 옳은 길이 될 거야. 누군가와 키스하기 싫다면 그 사람과 친밀한 행동을 하고 싶지 않다면 찍지도 않고 싶은 사진을 찍어서 보내기 싫다면, 그렇다면 하지 마. 그리고 상대방이 이런 너를 존중하지 않을 때는 너도 그런 사람 따위 존중하지 않을 수밖에.

기억해, 서두를 필요는 전혀 없어.
하지만 조금 서둘렀다 하더라도, 그것 또한 괜찮아.

너도 어마어마하게 강력하고 진화론적으로 불가피한 감정적 욕구를 느끼는 수많은 사람에 속한다는 의미야. 그러니까 너 자신을 더럽다고, 나쁘다고, 잘못됐다고 자책하지 마. 너는 '쉬운' 여자도 아니고, 남자에게는 절대 붙지 않고 여자에게만 붙는 역겨운 수식어를 들을 만한 사람도 아니야. 너 자신에게 조금 관대해지렴.

너는 감정을 충실히 따르는,
이 세상에 속한 아름다운 사람이야.

몸은 정말, 정말 재미있어. 누구의 몸이라도 그래.

우리는 모두 방귀를 뀌고 트림을 하고 이상한 소리를 내고 괴상한 냄새를 뿜지. 삶은 포르노 영화의 장면과는 완전히 달라. 얼마나 다행이니. 나중에 어른이 되면 너도 포르노를 볼 수도 있겠다. 그것도 전혀 부끄러워할 일이 아니야. 하지만 포르노를 보고서 친밀한 행위에 관해 상상하고 배우지는 마. 우리가 〈어벤져스〉를 보면서 그 영화에 나오는 방법으로 세계 평화를 얻으리라고 상상하지 않잖아. 어쨌든 요점을 말하자면, 포르노는 진짜가 아니야. 네가 진짜지. 너는 진짜이기 때문에 그토록 아름다운 거란다.

누구도 네게 수치심을 주지 못해. 해볼 테면 해보라지.

나도 이제는 수치심을 느끼지 않아. 첫 경험을 하고 나서 겪은 일을 되돌아봐도. 그저 애초에 그런 감정을 느꼈다는 자체가 조금 슬플 뿐이지. 내가 나에게 다정했다면 얼마나 좋았을까. 다시 그때로 돌아간다면, 그 남자애의 독약 같은 정신 상태가 나를 분노에 찬 나쁜 사람으로 느끼게끔 내 정신을 해치도록 내버려 두지 않을 거야.

사람은 자기의 기분을 조금이라도 낫게 하려고 남에게 수치심을 준다는 사실을 내가 미리 알았더라면 얼마나 좋았을까. 험담은 자기를 불편하게 하는 문제를 모면하기 위한 행동이거든. 누군가가 너를 심술궂게 대한다면 그건 오히려 자기 자신을 덜 자학하려고 취하는 비뚤어진 방법이라는 의미지. 그렇다고 사람들 앞에서 수치당하는 일이 아무렇지 않다는 말은 아니야. 하지만 이런 심리를 알면 힘든 감정을 다루는데 훨씬 도움이 될 거야. 수치심을 다스리고 네 감정을 분명히 표현하게 되니까. 일단 네가 수치심을 다스리고 나면 그것은 너를 지배하지 못해. 감추지 않고 고개를 돌리지 않는 순간, 너를 좀먹는 일을 더는 하지 못할 거야.

왜냐하면 수치심은 훤히 드러난 곳에서 기생하지 못하거든.

사랑하는 내 친구야,

수치심은 거침없는 너의 적수가 되지 못해.

신비롭고 경이로운 네 몸을 사랑해줘!

신비롭고 기적과도 같은 네 몸

온전하고 지독스러운 기적.

정말이야, 사실이라고. 지구에 75억 명이 넘는 사람이 살지만 너만 유일하게 너잖아. 네가 일란성 쌍둥이라고 해도 너의 내면은 따로 존재하는걸. 뇌도 따로 있는 데다 생각도 독립적으로 하잖아. 네가 존재한다는 바로 이 사실은 또 어떻고?

다른 기적도 아주 많아. 네가 살아가는 것, 제 기능을 하는 몸이 있는 것, 나팔관에 있던 네가 지금 이 책을 읽고 있는 것도. 우와 소리가 절로 나지? 잠깐 멈추고 생각해봐. 정말이지 감동이 아닐 수 없잖아. 몸에 붙어 있는 피부를 한번 생각해 보자. 우리는 당연하게 여기지만 이 피부

자체만 보더라도 믿을 수 없이 대단해. 피부 1제곱 인치의 공간에 땀샘이 약 650개, 온각수용기가 36개, 신경 말단은 1천 개가 넘는다고. 우리는 100조 개 정도의 세포로 이루어져 있는데, 이 많은 세포는 아빠의 정자 한 마리가 횡재해서 엄마의 난자와 만났을 때 만들어진 단 하나의 세포에서 시작되었어. 우리의 심장은 하루에 대략 10만 번 뛰는데 일 년이면 3천 5백만 번이야. 심장은 하루에 약 2천 리터의 피를 몸으로 내보내. 우리는 생각조차 하지 않지만 우리는 폐 덕분에 하루에 2만 5천 번이나 호흡할 수 있어. 우리 눈은 인간에게 알려진 가장 큰 망원경보다도 더 많은 정보를 받아들여. 위는 나흘에 한 번씩 새 위벽을 만들어. 지금도 네 간과 신장은 피를 맑게 해주는 일을 잘하고 있어. 열이 나서 몸이 아플 때조차 그 열은 우리를 위험하게 하는 바이러스와 박테리아를 태워 죽인다고. 열이 나는 이유는 몸이 좀 쉬라고 네게 신호를 보내는 거야. 정말 멋지지 않니? 그리고 매일 밤 우리 몸은 수면을 이용하여 스스로 정비하고 고친단다. 호르몬의 화학물질과 기억력을 개선하기도 하지.

네 몸은 믿기 힘들 정도로 경이로워.

네 몸은 죽기 위해 있는 것이 아니라
살기 위해서 존재해.

네 몸은 무한한 기적이야.

자, 그럼 몸에서 마음에 들지 않는 곳을 찾아내려고 하지 말고, 우리 몸을 감사하고 축복해 볼까?

물론 몸이 자꾸 변하는 시기에 네 몸을 사랑하기란 쉽지 않겠지. 나는 '일찍 발달한 아이'로 불리는 아이였어. 이 단어를 적고 있는 지금도 본의 아니게 몸이 부르르 떨려. 분명 '늦게 발달한 아이'라는 말을 증오하는 사람도 있겠지만 나 역시 '일찍 발달한 아이'라는 말이 죽도록 싫어. 적당한 시기에 발달하는 아이가 있기나 한 거야? 도대체 적절한 시기가 정확히 언제냐고? 머릿속에 닌텐도 게임보이만 들어있던 5학년 때는 분명 적절한 시기가 아니었어. (게임보이는 스마트한 기능은 없었지만 스마트폰의 조상이라고 보면 돼. 그러니까 스마트폰이라고 하면 안 되겠구나. 꽤 큰 기계인데 그걸로 테트리스, 젤다의 전설, 슈퍼 마리오브라더스 … 뭐 이런 게임을 하는 거야. 소셜 미디어가 없던 시절 내 마음을 흔들어 놓았지.) 말이 옆길로 새버렸네. 아무튼 5학년 때 몸이 변하면서 겁에 질렸던 기억이 생생해. 몸이 나한테 반항이라도 하는 것처럼 보였지. 갑자기 풍기는 냄새가 달라지고 젖꼭지도 커졌어. '나한테 무슨 일이 일어나는 거야!'라고 소리치고 싶었지만, 우리 반의 남자애들처럼 내 목소리도 몇 옥타브 낮아질까 봐 두려워서 그러지도 못했어. 성교육도 최악이었어. 사실 최악보다 더 심했지. 왜냐고? 성교육 시간 자체가 아예 없었으니까. 더군다나 그때는 인터넷도 없어서 몸에서 무슨 일이 일어나는지 검색해볼 구글도 없었어. 그저 조용히 잘 견뎌내야 한다는 눈치만 받았지. 이 기간이 끝나면 다시 게임보이를 하면서 쿠파대마왕을 깰 수 있을 거란 희망뿐이었어.

몸에 관해 배운 적이 없다는 사실을 고려한다면 내 몸을 소중하게 여기라고 가르쳐 준 사람이 없었다는 내 말이 이해될 거야. 솔직히 중세 시대에 살았다고 보면 돼. 가수 스파이스 걸스조차 나오지 않았을 때거든. 우리 몸에 관해 배운 내용이 있다면, 몸은 그저 증오할 대상이라는 것? 스마트폰과 소셜 미디어가 있는 오늘날도 상황은 크게 변하지 않았으리라고 봐. 아니지, 스마트폰과 소셜 미디어가 있는 지금이야말로 자기 몸을 증오하는 세태가 특히 더 심하겠지. 그렇다고 해서 학교 선생님이 교단에 서서 '안녕, 얘들아. 오늘은 침식작용,《위대한 유산》에 등장하는 사회 발전 양상, 자기혐오로 너 자신을 갈기갈기 찢는 가장 효과적인 방법을 배울 거란다.'라고 가르친다는 의미는 아니야. 선생님이 정말 그렇게 말하지 않기를 바란다. 하지만 너는 너를 더 '예쁘게' 만들어주는 스마트폰의 필터 때문에 네 몸을 비판하는 법에 익숙해졌어. 있는 그대로의 모습도 완벽한데 말이야. 너는 네 몸이 잘못됐다고 생각하게끔 길들었어. 등장하는 연예인만 다르다뿐이지, 텔레비전, 광고, 영화에서 완벽하고 비슷한 모습의 여자를 보여주는 세상에 산다는 이유로 말이야. 화면에 나오는 여자들은 모두 날씬하고 예쁘고 대부분 백인이니까. 문제는 세상에 너무나 다양한 여자들이 많다는 사실이야. 날씬하고 예쁜 백인 여자들도 당연히 존재하지만 그렇지 않은 여자들도 똑같이 존재해. 그런데 주류 방송에서는 다른 여자들을 잘 보여주지 않지. 그 결과로 어떤 일이 생기냐고? 네가 날씬하고 예쁜 백인이 아니라면 너는 이 사회에서 소외당한다고 느낄 거야. 그리고 설령 네가 날씬하고 예쁜 백인이라 하더라도 더 날씬하고 예뻐져야 한다는 압박감을 느낄 가능성이 커.

나는 몸에 대한 자신감을 주제로 한 행사에서 강연해달라는 요청을 꽤 많이 받아. 내가 다른 여자들보다 몸집이 큰데도 별로 연연하지 않는 것 같아서지. 그런 태도가 상당히 당돌해 보이나 봐. (참고로 내 모습을 있는 그대로 받아들이기까지 아주 오랜 시간이 걸렸단다.) 나는 속옷만 입고 런던 마라톤 대회에 나간 데다 그 모습을 필터 없이 찍어서 인스타그램에 올리기도 했어. 속옷만 입고 돌아다닐 수 있다면 나는 진심으로 더 행복할 것 같아. 오히려 꽉 끼는 드레스에 아찔한 하이힐을 신고 한껏 꾸미는 순간, 남의 시선을 의식하고 불편한 마음이 들어. 아무튼, 이 마라톤 사건 때문에 나를 '용기 있는' 여자로 이야기들 하지. 단순히 있는 그대로의 나를 받아들인 것뿐인데 마치 내가 시리아에 가서 테러범들을 혼자 때려잡은 사람처럼 대해줘. 마라톤에 나갔을 때, 내게 달려와서 내가 하는 일을 존경한다고 말하는 여자들이 많아서 정말 놀랐어. 자기는 자기 몸이 싫대. 42킬로미터나 함께 달려주는 자기 몸이. 저기요, 이보세요. 당신 몸은 엄청난 일을 하고 있는데 그래도 몸을 미워한다고요? 인제 그만 좀 하세요!

물론 이해는 해. 나도 이 세상 사람들에게 살집을 보여줄 바에는 연극에서나 쓰는 젖소 의상을 뒤집어쓰고 나가겠다는 마음으로 살았으니까. 나는 쫄쫄 굶다가 폭식하고 그러고 나서 먹은 음식을 토하는 식욕이상항진증이라는 섭식장애로 고생했었어. 이것 때문에 토하고 고통스러워하고 성인 여드름까지 나는 악순환을 겪으며 비참하게 살았지. 처음에는 그저 먹고 토하면 살이 빠질 줄 알았어. 음식을 제대로 소화하지 않고도 먹을 수 있다는 말인 줄 알았거든. 지금은 이 말이 진실이 아니라는 걸 알지. 사실 식욕이상항진증에 걸리면 먹은 음식의 영양분보다는 칼로리를 흡수하는 경우가 많아. 그리고 얼굴에 있는 혈관이 터지고 발진이 오르고. 몸의 내부도 말로 다 하지 못할 손상을 입었어. 이십 대 때는 위산이 올라와서 치아를 보호하는 법랑질을 손상하는 바람에 이가 하나 빠지기도 했어. 날씬한 몸만이 묘약이라 믿었기에 날씬해질 수만 있다면 뭐든지 할 생각이었어. 그것 때문에 몸과 정신의 질서를 모두 무너뜨린다고 해도 말이야. 별의별 고생을 다 하고도 나는 결국 날씬해지지 못했어. 존재하지도 않는 완벽을 향한 집착은 십 대와 이십 대에 내딛는 걸음마다 나를 지겹도록 따라다녔어. 이렇게 사는 것은 절대 좋은 삶을 위한 방법이 아니야. 도리어 삶을 망치는 가장 파괴적인 방법이지. 나는 내가 못생기고 우스꽝스럽다고 생각하곤 했어. 그런데 지금 생각해보니까 나는 못생기지도, 우스꽝스럽지도 않았어. 실은 더없이 사랑스러웠지. 아니다, 정정할게. 나는 지금도 더없이 사랑스러워.

마찬가지로 너도 사랑스럽단다.

몸에 자신감을 느끼도록 사람들에게 용기를 주기 위해 주최한 행사에 초청받아 갈 때면 나는 이번 행사가 마지막이길 바라. 사람들에게 몸을 긍정적으로 생각하라고 강연하는 것이 싫어서가 아니야. 사람들에게 이런 주제를 아직도 강연해야 한다는 사실이 싫어서야. 때로는 말이지, 우리 몸에서 미운 부분을 모조리 찾는 것이 통과 의례라도 되고 이 부분들을 고쳐나가는 과정이 무정한 삶의 숙제인 양 느껴질 때가 있어. 그런데 몸은 있는 그대로도 완벽히 쓸 만하거든. 우리를 살아있게 하고 풍요롭게 해주는 그 몸을 진정으로 사랑한다는 생각 자체가 … 완전히 혁신적인 개념이라고 보나 봐.

**나는 이런 생각을
어려운 혁신으로만 여기면 안 된다고 봐.
네 몸을 사랑하는 마음은
너 자신에게 주는 가장 소중한 선물이거든.**

소셜 미디어 - 으아악!!

물론 내가 어릴 때도 잡지에는 보정된 사진이 실렸어. 다만 사진을 보정할 능력이 내게 없었을 뿐. 사진 속의 나는 정말 나였어. 울퉁불퉁, 올록볼록 내 모습이 그대로 드러났지. 카메라는 정말 거짓말을 못하더라. 하지만 지금은 진짜 자기 모습이 담긴 사진을 보지 않아도 돼. 필터와 포토샵을 써서 마음에 들 때까지 고치면 되니까. 우리 얼굴이 아바타처럼 보일 정도로 말이야. 메이크업을 가르쳐주는 영상을 보면서 얼굴에 음영도 넣고 밝게 강조할 부분은 강조하여 실제 얼굴과 전혀 다르게 꾸미는 것도 가능해. 잡지 광고의 사진처럼 모공도, 여드름도, 주름도, 인간적으로 보이는 어떤 모습도 안 보이게 할 수 있지.

너한테 질문 하나 하자. 너 자신의 진짜 모습에 대체 무슨 문제가 있다는 거야? 네가 수만 가지 이유를 대겠지만 내가 지금부터 모조리 다 받아쳐 주지.

허연 튼 살이 걱정된다고?

걱정하지 마. 네 몸이 성장한다는 증거니까. 어릴 때는 당연히 성장해야지. (성장의 반대는 … 글쎄, 죽음 아닐까.)

코가 마음에 안 든다고?

글쎄, 코가 아예 없다면 정말 난감할 텐데.

팔과 다리 모양이 밉다고?

춤도 추고 밥도 먹게 해 주는 사지가 얼마나 대단한지 생각해 보렴.

허벅지가 싫다고?

생각해 봐. 허벅지가 없으면 걷지도 못할 거야. 그러면 얼마나 슬프겠어?

처음에 언뜻 보면 진짜처럼 보이겠지만, 네가 보는 사진 대부분은 진짜가 아니라는 사실도 알아둬. 킴 카다시안 같은 연예인들은 인간미라고는 모두 필터로 빼버리고 나서 보정된 사진만 인스타그램에 올리는 거라고. 인스타그램이나 잡지에서 보는 사진 중에는 일본 만화의 그림 수준으로 진짜가 아닌 사진이 많아. 연예인이라고는 하지만 그런 사진은 컴퓨터로 만들어낸 가짜일 뿐이야. 그럼 너는 이렇게 묻겠지. '런웨이를 걷는 빅토리아 시크릿 모델들은요? 그 사람들은 진짜잖아요.' 네 말이 맞아, 그 모델들은 진짜지. 그런데 이야기 하나 해줄게. 빅토리아 시크릿 행사에 관해 취재하려고 뉴욕에 간 적이 한번 있어. 무대 뒤 출입도 허가받았고. 이 모델들은 우리가 상상하지도 못하는 삶을 살아. 무대에 오르기 몇 달 전부터 모델들은 올림픽 선수들도 울고 갈만한 힘든 운동을 해야 해. 이제 네 질문에 다시 대답할게. 그래, 모델들은 진짜야 … 하지만 결코 정상도 아니야. 그러니 셀카를 찰칵 찍고 '왜 나는 지지 하디드같이 안 생겼을까?'라고 생각하는 것은 달리기를 한 번 하고 나서 '왜 나는 우사인 볼트같이 빠르지 않을까?'라고 묻는 것이나 똑같아.

다른 사람처럼 보이려고 들이는 노력은 무의미할뿐더러 시간 낭비야. 더 날씬해지거나 더 글래머가 되거나 피부가 더 좋거나 하얘진다고 치자. 이런 수고 끝에도 너는 너로 보일 거야. 그리고 욕심에 끝이라는 게 있긴 있을까? 네가 너 자신을 좋아하지 않으면 아무리 해도 절대로 만족하지 못할 거야. 항상 고쳐야 할 부분이 눈에 들어오고, 효과 있다는 다이어트를 해야 하고, 돈을 모아서 수술이나 시술을 해야 해. 정확하게 뭐 때문에 그러는데? 미디어에나 나오는 터무니없이 이상적인 모습 때문에? 그런 모습은 아무도 못 가져. 미디어에 이상적으로 나오는 연예인들조차 못 가져. 그들도 포토샵과 보정으로 아예 탈바꿈한 모습 때문에 완벽해 보이는 건데, 뭘.

그리고 모델과 화려한 여자의 사진 때문에 기분이 나쁘다면 인제 그만 봐. 아예 안 보기는 어렵겠지만 그래도 소셜미디어만큼은 네 손으로 직접 통제할 수 있을 거야.

누군가가 새로 올린 사진 때문에
네가 '초라해지는' 감정이 든다면
더는 그 사람을 팔로우하지 마.
당당하게 자기 자신으로 사는
사람을 팔로우하도록 해.
그리고 가능하면 소셜 미디어를 하지 않는
시간을 규칙적으로 만들어서
진짜 세상에 귀 기울여 보렴.
진짜 세상에서는 다양한 아름다움을 지닌
진짜 사람들을 보게 될 거야.

섭식 장애

이 책을 읽고 있는 너는 몸무게, 체형, 몸에 있는 흠이 어떻든 이미 네 몸을 사랑하고, 있는 모습 그대로 자신감을 느끼길 바래. 체중계에 뜨는 숫자가 네 가치를 결정하지 못한다는 사실도 알았으면 해. 피부가 얼마나 좋은지, 가슴이 얼마나 큰지, 입술이 얼마나 도톰한지에 따라 네 가치가 좌지우지되지 않는다는 사실도 꿰뚫어 보길 바라고. 이 책을 시작할 때 내가 열을 올리며 최선을 다해 설명했지? 거의 불가능에 가까운 유전적인 사건에서 네 생김새는 이미 결정되었다고 말이야. 생김새를 결정하는 과정에 네가 전혀 관여하지 않았듯이, 생김새는 네가 인간으로서 얼마나 성공할 지와도 전혀 상관없단다. 참을 수 없을 만큼 느끼하게 들리겠지만(참고로 나는 느끼한 음식을 좋아해) 너는 정말 있는 그대로 완벽해.

몸에 관한 부정적인 감정에서 벗어나기는 참 힘들지도 몰라. 우리 사회에 워낙 뿌리 깊게 박혀있는 감정이기도 하고, 주도권을 잡기 위해 처음으로 배우는 방법이 음식을 먹지 않는 것이기 때문이기도 해. 아장아장 걷는 아기들을 봐. 브로콜리를 뱉어버리고 콩을 안 먹겠다고 버티고 생선튀김을 바닥에 던져버리잖아. 단순히 받은 음식이 싫다는 표현만은 아니야. 자기에게 권한을 전혀 주지 않은 세상에서 조금씩 권한을 가져보려는 의지지. 애초부터 자기 통제를 행사하는 가장 쉬운 길은 음식을 입에 넣지 않는 방법이야. 그러니까 성장해서도 슬프거나 우울하거나 실망하면(또는 세 가지 감정을 모두 느끼면) 음식을 먹지 않는 것이 통제력을 되찾는 효과적인 방법이라고 생각들 하지. 실은 정반대인데도 말이야. 나 자신을 이해하려고 정말 노력을 많이 한 나조차도 기분이 정말 나쁠 때면 내 몸을 생각하는 태도부터 달라지거든. 거울을 보면서 내 몸을 바라보고 분석하는 순간, 나는 잠깐 물러서서 현재 나를 힘들게 하는 일이 무엇인지 살펴볼 시간임을 퍼뜩 깨달아. 스트레스의 원인이 몸무게였던 적은 거의 없었어. 완전히 다른 일이 원인일 때가 대부분인데, 괜히 내 몸에 예민해지는 거야.

음식과 맺은 건강하지 않은 관계에서 벗어나기가 얼마나 힘든지 내게 말해주는 사람이 있었다면 훨씬 나았을 거야. '좋은 음식', '나쁜 음식'이 따로 없다는 점을 기억해. 무슨 음식이든 지나치게 많이 먹으면 건강을 해칠 수밖에 없어.

청산가리가 아니라

케이크 한 조각을 먹고 있을 뿐이야.

스스로 너무 자책하지 않아도 돼.

케이크는 정말 달콤해.

케이크는 정말 부드러워.

케이크가 없는 세상은

지금처럼 살맛이 나지도 않을 거야.

그러니까 맛있게 먹어.

한껏 음미하라고.

케이크 하나 먹는다고 죽지 않아.

정말이야.

그리고 폭식한다는 생각이 들거나 또는 정반대로 너무 엄격하게 음식을 멀리한다는 생각이 들면 다른 사람에게 네 감정을 털어놓도록 해.… 그리고 폭식하거나 굶는 것 때문에 어떤 감정이 드는지도 털어놓으렴. 친구, 의사 선생님, 믿을만한 선생님, 아니면 엄마한테 말해도 돼(엄마는 네가 어떤 마음인지 정확하게 잘 아실 거야). 마음의 위안이 되는 정도 이상으로 폭식하거나 아니면 아예 음식 자체를 두려워한다고 해서 네가 나쁜 사람은 절대 아니야. 너는 인간적인 면모를 지닌 거야. 너도 다른 사람들처럼 음식에 관해 건강하지 못한 이야기를 듣고 자랐을 뿐이라고.

내 몸에 관해 부정적인 마음이
슬금슬금 피어오를 때

어릴 적에 내가 들었으면 좋았을 법한 이야기 몇 가지를 쭉 적어 볼게. 신비롭고 기적과도 같은 네 몸에 관해 부정적인 마음이 슬금슬금 피어오를 때 이 이야기를 떠올리면 좋을 거야. 네가 여기에 있는 팁 몇 가지만 읽고 이 책을 덮는다고 해도 나는 기쁠 거야(그렇다고 책을 덮어버리면 재미있는 부분을 모두 놓칠 거라는 점은 경고해 두지).

- 너는 네 몸에서 미운 부분을 찾을 의무가 전혀 없어.
- 네 몸에서 마음에 드는 부분이 있다고 해서 부끄러워하지 않아도 돼.
- 누군가 네 앞에서 '토실토실 아기돼지'라는 말을 쓰면 '못된 자식'이라 적힌 명부에 그 사람 이름을 올려버리렴. 이런 말이

애초에 생기지 않았다면, 또 어른들이 이런 말을 그만 썼으면 정말 좋겠구나. 네 몸을 동물의 몸과 비교하는 말은 귀엽지도 않고 위로가 되지도 않잖아. 대놓고 마음에 대못을 박는 짓과 똑같지. 특히나 몸이 변화하는 시기에는 마음도 민감해지기 십상인데 말이야. 네 몸은 네가 다 크고 나면 입지 않을 옷 따위가 아니야. 그러니 가치 있는 사람이 되려고 억지로 살을 뺄 필요는 없어. 똑똑히 들어, 네 체형이 어떻든 몸무게가 얼마나 나가든 상관없이 너는 가치 있는 사람이야!

● 누군가 네 외모를 마음에 들어 하지 않는다면, 누군가 네게 살을 빼야 한다고 말한다면, 당장 해야 할 일은 그 사람들을 네 삶에서 빼버리는 거야. 너는 있는 그대로도 완벽하고 멋지단다. 너를 더 예쁘게 만들어주는 다이어트나 성형 수술은 세상에 없어. 더 예쁘게 만들어야 할 부분이 전혀 없으니까.

● 셀카를 찍을 때 사진을 예쁘게 해주는 필터를 쓰지 않도록 해봐. 필터의 마법을 사진에 적용하는 순간 너는 너 자신에게 모진 짓을 하는 셈이야. 필터를 사용하지 않은 너의 진짜 사진을 볼 때마다 기겁할 수밖에 없도록 자초하는 짓이라고. 필터를 씌우지 않은 진짜 사진은 이제 쳐다보지도 못하겠지?

● 세상에 있는 다양한 체형을 살펴봐. 자기 모습을 받아들이는

여정에 정말 도움이 많이 될 거야. 2018년《코스모폴리탄》잡지 측이 빅사이즈 모델인 테스 홀리데이를 표지 모델로 올리겠다고 결정을 내리면서 한바탕 야단법석을 치렀어. 테스는 26사이즈(국내 여성 의류 기준으로 대략 99사이즈 이상을 말한다 - 옮긴이)야. 항상 그렇듯 고리타분한 인간 무리들이 들고 일어났지. 비만한 모델을 표지 모델로 세우는 짓은 저체중인 모델을 세우는 것만큼이나 어리석은 생각이라고 계속 떠들어댔어. 빅사이즈 모델은 비만을 좋은 시각으로 보게끔 유도한다고 주장하면서 말이야. 나도 트위터에서 벌어지는 논쟁에 덤벼들었고 (항상 위험이 도사리는 일이야) 어떤 여자한테 메시지를 받았어. 자기 딸이 케이트 모스처럼 깡마르고 싶다고 하든, 테스 홀리데이처럼 살을 찌우고 싶다고 하든 둘 다 싫을 거라는 거야. 나는 테스 홀리데이 같은 모델을 잡지 표지로 세워 세상에 여러 체형을 모두 드러내는 중요한 이유가 바로 우리 딸들이 다른 사람처럼 되고 싶은 마음을 키우지 않도록 장려하기 위해서라고 잘 설명했어. 그 여자의 딸이 자라서 자기 그대로의 모습으로 살아가고 싶도록 도와주기 위해서라고. 이걸 기억하렴. 네가 되고 싶은 최고의 모델은 바로 너여야 해. 소셜 미디어에서 다양한 체형과 피부색을 보면 그런 마음가짐을 얻는 데 엄청난 도움이 될 거야.

● 활짝 웃자. 요즘은 사진 찍을 때 활짝 웃는 사람이 별로 없어

서 참 슬퍼. 내가 십 대였을 때는 사람들이 관능적으로 항상 입술을 불룩 내미는 빅토리아 베컴을 은근히 놀리곤 했어. 그 때는 빅토리아 베컴이 예외였지. 대부분은 활짝 웃었거든. 그런데 지금은 반대로 아무도 사진을 찍을 때 웃지 않더라. 웃으면 주름이 생기는 데다, 눈이 휑하고 입술을 생선처럼 반쯤 벌려야 모델처럼 보인다나. 우리 제발 다시 웃으면 안 되겠니? 인스타그램에서 얼굴에 활짝 웃음꽃을 피운 사람을 볼 때면 마음에 다디단 위안이 된다고. 팁을 하나 줄게. 누가 카메라를 네 얼굴에 들이댈 때 웃음이 나지 않는다면 그 사람이 네 사진을 찍지 못하게 하는 편이 나을지도?

● '너 살 빠진 것 같다.'라는 말을 칭찬인 양하지 마. 사람의 가치를 외모에서만 찾을 수 있다는 의견에 동조하는 말이니까. 사실 그렇지 않거든. 그리고 내가 살펴보니까 사람들은 아주 힘들 때 살이 빠지는 경향이 있더라고. 실연당하거나 아프거나 사랑하는 사람이 세상을 떠났거나 뭐 그런 일 말이야. 그러니까 살이 빠졌다고 칭찬하는 것이 항상 좋은 생각은 아니란다.

● 네 몸을 고맙게 생각하렴. 이곳저곳 마음껏 다니게 해주는 다리, 맛있는 음식을 소화하는 위. 이식하거나 대체하지 못하는 유일한 장기인 가장 소중한 뇌. 사실 뇌야말로 발전해야 할 가장 중요한 부분이지. 소중한 네 뇌를 위해서 책을 읽거나 함께

있고 싶은 사람과 시간을 보내거나 가고 싶은 장소에 가는 방법도 아주 좋단다.

● 네가 자리만 차지한다는 생각은 버려. 감정적으로도 물리적으로도 모두. 네가 있는 그 공간을 당당하게 즐겨. 그렇게 마음을 단단히 먹어. 그곳에 있을 자격이 충분히 있다는 사실을 잊지 마. 누가 너를 밀어내거나 함부로 대하더라도 미안하다고 하지 마. 자격이 없다고 생각한 나는 항상 미안하다고 했었거든. 너라는 이유로 사과할 이유가 전혀 없단다.

기억하렴.
과학이 하루아침에 엄청나게 발전하지 않는 한,
너는 몸은 하나밖에 없어.
몸이 있다는 자체가 정말 대단한 일이야.
그러니 자랑스러워해도 돼.
잘 보살피고 돌봐줘.
몸이 너를 사랑한다고 생각하고 몸을 사랑해줘.
그러면 기적 같은 일이 끝도 없이 펼쳐질 거야.

다섯째

너는 네가
상상하지도 못할 만큼
강인하단다!

몸으로 할 수 있는
특별하고 멋진 일이 많아

인간으로 사는 가장 멋진 이유는 우리 몸으로 할 수 있는 특별하고 멋진 일이 있기 때문이야. 다른 동물들은 우리처럼 못하거든!

우리는 노래도 부르고 춤도 추고 요리도 하고 책도 읽고 글도 쓰고 사랑도 하고 더군다나 트위스터 보드게임도 할 수 있어. (인간으로서 내가 가장 좋아하는 활동이 바로 트위스터 게임이야.) 하지만 나는 자기가 못 하는 것만 줄곧 생각하는 여자아이를 알고 지낸 적이 있어. 그 아이는 물구나무서기를 하지 못했어. 체육 선생님은 그 여자아이에게 "너는 체력이 안 되거나 물구나무서기를 할 만한 몸이 아니구나."라고 말했지. 그게 대체 무슨 말인지는 모르겠지만. 그 아이는 네트볼도 최고 잘하는 팀에 들어가지 못했어. 심지어 그다음으로 잘하는 팀에도 못 들어갔지. 학교가 너무 작아서 더 낮은 실력의 학생들이 들어갈 만한 팀은 아예 없었어.

그 여자아이는 크로스컨트리 달리기에도 참여하지 못했어. 크로스컨트리 달리기라는 이름만 들어도 숨이 가빠졌거든. 어릴 때는 좋아하던 활동이었는데도 어찌 된 일인지 수영하기, 옆 돌기, 롤러스케이트 타기도 전혀 하지 못하게 됐어. 그리고 학년이 올라가면서 탈의실에서는 심각할 정도로 다른 아이들의 눈을 의식하기 시작했지. 젖꼭지가 브래지어를 탈출해버리거나 겨드랑이에 올라오는 털을 누가 힐끗 보기라도 하면 정말 창피해서 어쩔줄 몰랐어. 하필이면 매번 엉덩이에만 도착하면 꽉 끼는 체육복 반바지는 또 어떻고. 바지를 먹어버리는 큰 엉덩이 속으로 같이 숨어버리고 싶었지.

아이는 마음이 점점 더 불편해지면서 자기가 남들과는 '다른 사람'이라는 생각이 들었어. 학교 친구들 때문에 속상한 날이 많았어. 남들은 품위 있게 사뿐사뿐 걸어 다니는 것 같았어. 아이는 '심장마비가 오는 게 아닐까?'라고 생각한 적도 있었어. 운동장에 쓰러져 죽기라도 하면 친구들이 한심하게 보고 키득키득 비웃을 것만 같았지. 그런 일은 절대 일어나지 않았지만 사실 여부는 중요하지 않았어. 그런 일이 일어날 가능성이 있다는 생각만으로도 아이의 얼굴은 벌겋게 달아오르고 심장이 방망이질했으니까. 그래서 아이는 야외 활동을 하지 않을만한 핑곗거리를 만들어 둘러댔어. 다른 사람이 되묻지 않았으면 하는 바람으로 모호한 병명을 지어냈지. 야외 활동을 정말 하기 싫었지만 그렇다고 안 하기도 싫었어. 거짓말쟁이가 되는 기분이 들었거든. 친구들은 왜 화요일 아침만 되면 여자아이가 두통에 시달리는지 물었어. '이유를 다 아니까 놀리 겠지. 거짓말한다는 사실을 친구들도 다 아는 거야.' 여자아이는 그렇게 단정 지었어.

하키장이나 네트볼 경기장뿐만 아니라 삶의 모든 면에서 그 여자아이 는 자기가 서툴고 느린 데다 항상 숨 가쁘게 따라가는 것만 같았어. 무 엇을 하든 항상 조금씩 잘못하는 느낌이 들었지. '끼워주기 싫은 아이'는 이제 그 아이의 가면이자 성격이자 친구들과 어울릴 때 맡은 역할마저 되어버렸어. 괜찮은 남자친구의 마음을 사로잡기도, 선생님에게 좋은 인 상을 심어주기도 하늘의 별 따기처럼 보였어. 왠지 모르게 자기가 무용 지물이라는 생각만 자꾸 들었지. 그 아이가 스스로 되뇌는 말은 언제나 '너는 못 했어, 못했어, 못했어, 못해, 못해, 못해, 못해….'였으니까.

그러다가 어느 날 이런 상황에 진절머리가 났어. '끼워주기 싫은 아이' 역할이 지겹도록 싫었어. 거기다 다른 여자들도 비슷한 문제로 힘들어 하는 모습을 보고는 정신이 번쩍 들었지. 이런 역할을 자처한 사람은 바 로 자기 자신이었던 거야. 아이는 자기가 하지 못하는 것을 찾기보다는 할 수 있는 것을 찾기로 했어. 분명 무엇인가 있다는 확신이 들었거든. 그게 설령 동네 체육 센터에서 아줌마들과 하는 수중 에어로빅이라도 상관없었어.

여자아이는 문득 마라톤을 달려야겠다고 결심했어. 안 될 게 뭐야? 그래봤자 무슨 나쁜 일이 일어나겠어? 뭐, 사실 그때만 해도 아이는 버스를 잡으러 달려가지도 못했지 … 하지만 하지 못하는 일보다 당장 할 수 있는 일에 집중해야 한다고 생각하며 스스로 마음을 가다듬었어. 우선할 수 있는 일은 카우치투5k라는 운동 애플리케이션 내려받기였어. 그다음 일은 마라톤 훈련 계획을 인쇄하고 차근차근 노력하기였지. 그리고 결국 6개월 만에 런던 마라톤의 결승선을 통과했단다. 멈추지 않고 42킬로미터를 달릴 수 있다는 걸 몸소 느꼈지. (솔직히 말하면 화장실에 가려고 몇 번 멈춰야 했어. 그래도 월경 중이었다니까 이번은 넘어가 주자.)

일 년 후, 이 여자아이는(어엿한 어른이 되었지) 반바지와 브래지어만 입고 마라톤에 또 출전했어.… 각자 아름답고 올록볼록하고 다양한 체형의 몸을 가지고도 모든 일을 할 수 있다고 다른 여자들에게 증명하고 싶었지. 사람들이 플래카드를 들고 와서 그 여자를 응원했어. 얼마 후에는 걸그룹인 리틀 믹스가 '스트립'이라는 노래의 뮤직비디오에 출연해달라고도 했단다. 여자들이 자기의 몸을 더 긍정적으로 보도록 용기를 북돋아달라고 하면서 말이야. 그 여자아이는 '끼워주기 싫은 아이'에서 '모든 사람이 어울리고 싶어 하는 여자'로 당당하게 탈바꿈했어. 왜냐하면 사람은 골라 담는 과자처럼 선택받거나 외면받을 존재가 아니라는 사실을 굳게 믿었기 때문이야. 게다가 그 여자아이는 두꺼운 허벅지와 큰 엉덩이를 흔들면서도 활짝 웃으며 다녀! 동시에 한때 자기의 모습이었던, 못하는 것만 줄곧 생각하던 어린 여자아이가 참 딱하다는 생각이 들었어. 어린 여자아이에게 이렇게 말해주고 싶었지. '너는 물구나무서기도, 네트볼도 못 한다는 말을 들었을 거야. 달리기도 못 하고 수영장에 멋지게 뛰어들지도 못한다고 생각했겠지. 하지만 너는 할 수 있어. 할 수 있고말고. 네게 해 줄 말이 있어. 너는 네가 상상하지도 못할 만큼 강인하단다.'

그걸 어떻게 아냐고?

바로 내가 그 여자거든.

미리 알았더라면 좋았을 법한
운동에 관한 이야기

운동에 관해서 어린 시절부터 승패나 체중 감량에만 집중하는 법을 배웠지(지지 않는 법이든 허리둘레를 줄이는 방법이든), 운동이 주는 진정한 이득은 제대로 배우지 못한 점이 참 아쉬워. 운동하면 엔도르핀이 분출되면서 온몸을 들끓게 하고 하늘을 나는 듯한 기분을 느끼잖아. 그리고 정신이 맑아져서 머릿속에 있는 뿌연 안개 같은 마음을 칼처럼 꿰뚫어 보게도 해주고.

운동하는 주된 이유가 내 몸을 날씬하게 줄이기 위해서라는 이야기를 듣지 않았다면 얼마나 좋았을까. 나는 사람들이 내 몸을 싫어한다고 오해하곤 했거든. 나와 친구들이 운동을 국가 교육 과정에 포함된 필수과목으로서, 견뎌내야 하는 체벌처럼 생각하지 않아도 됐다면 얼마나 좋앗을까. 매주 체육 시간은 누가 더 느린지, 더 약한지, 더 둔한지 내내 측정해야 하는 의례적인 행사 같았거든. 운동의 목적은 날씬하게 살을 빼서 내가 공간을 덜 차지하기 위해서가 아니야. 오히려 나를 더 크고 멋지고 더 눈부시게 하려고 운동하는 거야!

운동이 모든 사람에게 열린 활동이라는 사실을 미리 알았다면 얼마나 좋았을까. 운동은 아침에 일어나 자꾸 감기는 눈을 부릅뜨면서 스쾃을 60번이나 하고 인공암벽을 20번이나 오르는 올림픽 선수들과 인스타그램 인플루언서들만 들어갈 수 있는 대단한 모임이 아니야. 네가 못한다고 생각하는 일을 반복해서 하고 또 하는 것이 운동이라고, 불가능한 일을 성취했다고 느끼는 가장 빠르고 쉬운 방법이 운동이라고, 누군가 내게 말해줬다면 참 좋았을 텐데. 우리 체육 선생님은 운동이 피를 돌게 하고 심장박동수를 높이는 활동 그 이상도 이하도 아니라고 말했지. 운동은 네가 살아서 여기 이곳에 있다는 사실을 기억하는 활동이야. 운동은 모든 어려움을 견디며 네 몸이 움직이는 이 순간, 네게 필요한 것은 네 안에 모두 있다는 사실을 상기하는 활동이라고. 물론 운동이 쉽지는 않을 거야. 하지만 아예 움직이지도 못할 만큼 아픈 날보다는 운동하는 편이 훨씬 쉽지 않니?

그리고 내가 미리 알았더라면 좋았을 가장 중요한 교훈은 바로 이거야. 가장 빠른 사람이나 가장 강한 사람이 되려고 운동하는 사람도 있지만, 운동이 중요한 이유는 너와 네 몸(체형과 몸무게에 상관없이)이 생각보다 훨씬 강하다는 것을 깨닫게 해 주기 때문이야.

운동을 네가 진짜 하고 싶은 활동으로 만들어 봐.

이해해. 소리를 꽥꽥 지르는 록 콘서트처럼 갑자기 난소가 피를 쏟아내는 월경을 치르고, 움직일 때마다 가슴이 쑤시는 느낌이 들 때면 어떤 운동이라도 할 마음이 나지 않을 거야. 피곤한 날도 있고. 숙제해야 해서 시간이 없을 때도 있어. 아직도 어떤 학교들은 체육복 바지를 나눠주던데, 보기 싫은 체육복 바지를 굳이 입고 싶지 않을 수도 있겠지. 하지만 신비하고 아름다운 네 몸을 움직이는 능력은 네가 너에게 주는 최고의 선물이야. 운동하는데 20분만 시간을 써 보렴. 그러면 운동은 너한테 더 큰 보상을 줄 거야. 피곤할 때 몸을 움직이는 것은 기운을 차리는 최고의 약일 뿐 아니라 스스로 네 몸을 긍정적으로 생각하게 해 준단다.

지금부터 내가 쓰는 몇 가지 좋은 팁을 알려줄게. 운동을 숙제처럼 느끼지 않고 진심으로 하고 싶은 활동으로 느끼게끔 도와줄 거야.

우리 대부분은 어린 시절에 운동을 끔찍이도 좋아했다는 걸 기억하렴.

단지 우리가 하던 행동이 운동인 줄 몰랐을 뿐이야. 어릴 때 우리는 운동이라고 생각조차 하지 않고 했었어. 친구들과 하는 재미있는 무언가로만 생각했다고. 뛰고 장난치고 밖에 나가서 상쾌한 바깥 공기를 마시는 그런 거 말이야. 아이들은 움직이려는 욕구가 강해. 하지만 성장하면서 변화가 생기고 말지. 대체 뭐가 달라지는 걸까.

가장 드러나게 변하는 것은 몸 그 자체야. 일단 사춘기를 겪을 때는 네 몸이 마치 운동복을 입은 자바 더 헛(《스타워즈》시리즈에 등장하는 몸집이 큰 악역 - 옮긴이)처럼 느껴질 때도 있어. 물론 사실과 전혀 무관하지만. 다시 한번 말할게. 너는 자바 더 헛과 닮지 않았어! (사춘기를 겪을 때면 사실이 어떻든 도움이 안 되는 것도 알아. 결국 네가 느끼는 감정이 사실이니, 그 감정도 아주 중요하다고 봐.) 하지만 나는 사춘기 말고 다른 요인도 있다고 생각해. 아이가 움직이는 법을 배우기가 무섭게 부모님이 못 움직이게 했다는 사실이지. 처음에는 계단에서 굴러 떨어지지 않고, 달려드는 차에 다가가지 못하도록 조심시킬 의도였을지 몰라도 나중에는 걸리적거리고 방해가 되니까 움직이지 말라고 하시잖아. 결국에 무의식적으로 움직이는 것은 나쁜 행동이라고 우리 머릿속에 각인되고 말아. '나는 자리만 차지한다.'라고 생각하게 되는 다른 이유이기도 하고. 앞에서 언급했듯이 학교에서 나눠주는 체육복도 한몫하지. 입고 있으면 주변 사람을 엄청 신경 쓰게 되니까. 그 정도는 정상이야. 그러니까 친구야, 너는 네 몸을 받아들일 필요가 있어. 널 살아있게 해 주잖니. 그러니 제발!

하고 싶은 대로 마음껏 움직여.
우리 모두를 위한 공간이 충분히 있으니까.
내가 장담할게.

외모 가꾸기보다는 만족감을 느끼기 위해서 운동한다고 생각해보렴.

운동은 완벽한 육체를 만들기 위한 최고의 방법이라고 포장될 때가 참 많아. '운동을 많이 하면 당신도 단단한 복근과 탱탱한 엉덩이를 만들 수 있고 빅토리아 시크릿 모델들처럼 허벅지 사이에 공간도 생길 거예요!' 환경이 이렇다 보니 운동이라는 단어를 생각하면 이상적인 몸매에 부합하지 않는 자기 몸의 모든 부분을 떠올리게 돼.… 따라서 네가 운동선수나 모델 같이 희귀한 유전적인 체형을 타고나지 않았다면, 운동한다는 생각만 하더라도 두려움이 앞설 수밖에.

운동해야 하는 동기 대부분이 우리 몸을 싫어하는 데서 비롯된다면, 수많은 사람이 운동을 두려워하고 흥미를 잃고 결국 아예 그만두는 현상이 과연 그렇게 놀랄만한 일일까? 하지만 살을 빼서 날씬해지려는 목적으로 하는 운동은 멈추고, 운동이 주는 진정한 이득을 생각하며 시작한다면 달라질 거야. 정신이 맑아지고 생각할 시간이 생기고 엔도르핀이 돌거든. 그러면 너도 모르게 운동하는 시간을 기대하는 마음이 생길 거라고. 남에게 잘 보이려고 바보같이 애쓰기보다는 너 자신에게 잘 보이려고 운동하게 될 걸.

네게 맞는 운동을 찾아보렴.

운동은 원래 경쟁적이라고 생각해서 흥미를 잃는 사람들이 참 많아. 하키나 네트볼 경기에서 매주 한두 시간씩 친구들과 죽도록 싸우지 않아도 삶은 충분히 고달프단 말이지. 팀으로 하는 운동이 네게 맞지 않으면 혼자 하면 돼! 나는 조깅하러 갈 때 팟캐스트 한 편만 달랑 내려받아 가는걸. 그렇게 해서 나는 운동에서 원하는 것은 얻고 원하지 않는 것은 제외하거든. 너는 나와 취향이 정반대일 지도 모르지. 혼자서 수 킬로미터를 달리는 것이 싫은 사람도 있으니까. 너는 네트볼, 축구, 달리기 모임에서 경험하는 운동의 사회적인 요소를 좋아하는 사람일 수도 있어. 아무튼, 요점은 적어도 시도해보면 네가 좋아할 만한 운동을 분명 찾을 수 있다는 거야.

야외에서 하는 운동을 좋아한다면 이런 건 어때?

- 찬물 수영(신난다!)
- 축구
- 테니스
- 스케이트보드 타기
- 하이킹
- 조정
- 나는 해변에서 하는 라운더스

(야구와 비슷한 구기 운동으로, 영국에서 주로 한다 – 옮긴이)를 가장 좋아해.

혼자 하는 운동을 좋아한다면 이런 것도 있어.

- 달리기
- 자전거 타기
- 수영
- 온라인으로 요가나 운동 영상 보면서
  집에서 편안하게 운동하기

수업에 직접 참여하고 싶다면 이런 건 어때?

- 춤
- 요가
- 스피닝
- 필라테스
- 가라테
- 유도

혹시 네가 수업에 가기로 했다면 머리로 계산하지 말고 몸이 원하는 대로 마음껏 움직여. 다른 사람들은 자기 자신을 보는데 정신이 팔려서 너를 보지도 못할 거야! (네가 가장 멋지게 하는데 남들이 보지 못하니까 좀 아쉽긴 하다.)

얼마나 '잘' 하느냐는 중요하지 않아.
네가 하고 있다는 그 자체가 중요하니까.

내가 처음으로 마라톤을 시작했을 때 사람들은 내 기록을 묻곤 했어. 그럼 나는 항상 되물었지. "그러는 당신은 기록이 어느 정도인가요?" 아니나 다를까, 상대방은 고개를 저으며 이렇게 말해. "사실 저는 마라톤을 해 본적이 없어요." 나는 웃으며 대답해. "그럼 말을 마세요."

실은 마라톤을 완주하는데 6시간 가까이 걸렸어. 하지만 나는 이렇게 생각해. 뒤에서 달리는 우리 같은 사람들이 진정 최고의 운동선수라고. 모 패러 같은 대단한 선수들은 마지막 세 시간 동안 이미 집에 도착해서 발을 뻗고 쉬었겠지만 우리는 결승선까지 가기 위해서 그 시간 동안 땅을 쿵쿵 밟으며 끝까지 밀어붙여야 했거든. 부끄러워할 일이 아니라 자랑스러워할 일이지.

네 정신 건강에 유익하다고 과학적으로 증명된 방법이
운동이라는 사실을 기억하렴.

운동할 때 나오는 엔도르핀은 기분을 좋게 해주지. 그뿐만 아니라 몸을 움직이는 활동은 건강한 방법으로 우리 머리를 식히도록 도와준단다. 기분이 조금 안 좋을 때면 나는 즉시 집 밖으로 나가서 움직여야겠다는 생각이 들어. 정말 나가기 싫어서 죽을 지경이라도 말이야. 하기 싫어서 죽을 지경이니까 더더욱 해야 한다는 의미야.

내가 보기엔 그래. 대부분의 정신 건강 문제는 네게 방 안에서 혼자 있으라고 속삭일 거야. 그러니까 벌떡 일어나서 나가는 것이 네 머릿속에 있는 부정적인 목소리를 눌러버리는 가장 빠르고 쉬운 방법이야. (결정적으로 성가시게 구는 가족과 너 사이에 공간을 만드는 빠르고 쉬운 방법이기도 해.) 물론 운동이 네가 가진 모든 정신 질환을 치료하지는 못하지. 하지만 올바른 방법으로 접근한다면 운동은 병세를 절대 악화하진 않을 거야. 내말을 못 믿겠다면 속는 셈 치고 한번 해봐. 운동한다고 나빠질 게 있을까? 포근한 이불과 아기자기한 네 방은 도망가지 않는다고. 오히려 운동하고 돌아온 너를 더 격하게 반겨줄 거야.

모든 사람이 너와 똑같은 마음이라는 걸 기억하렴.

운동을 꾸준히 하기 전에 나는 바보 같은 생각을 했었어. 격렬한 운동을 하는 사람들은 모두 아침에 침대에서 벌떡 일어나고 열정적으로 레깅스를 입고 운동화 끈을 졸라맬 거라고. 그런 사람들과 비교하면 나는 게으른 사람 같았어. 대체 뭐가 문제일까? 나는 왜 운동에 그만큼 열정이 없을까? 하지만 이제는 잘 알지. 나가서 운동하고 싶은 사람은 아무도 없다는 걸. 운동하는 사람과 하지 않는 사람의 차이는 단 한 가지야. 운동하는 사람은 일단 하고 나면 절대 후회하지 않는다는 걸 알아. 이 사실을 기억하면 집 밖으로 나가는 발걸음이 훨씬 가벼워질 거야.

체형에 상관없이 물구나무서기는 누구나 할 수 있어.

이 말을 이곳에 꼭 넣고 싶었어. 사람들이 '너는 이런 일을 하지 못해.'라고 말할지라도, 그래도 할 수 있다는 걸 보여주고 싶었거든. 너는 하고 싶은 일을 모두 할 수 있어. 나도 1년 전에 처음으로 물구나무서기를 해 냈단다. 수십 년 전 체조 선생님은 내게 못 할 거라고 말했지만 나는 결국 물구나무서기를 해내고야 말았어! 카터 선생님, 보셨지요?

여섯째

사랑은 친절해
그리고
너를 바꾸려들지 않아.

부끄러운 비밀을 하나 털어놓을 테니까
나를 판단하지 않겠다고 약속해

　자, 정말 부끄러운 비밀을 하나 털어놓을 테니까 나를 판단하지 않겠다고 먼저 약속해 주겠니?

　나도 알지, 네가 남을 쉽게 판단할 사람은 아니라는 걸. 게다가 나는 이제 너를 친구라고 생각하거든. 그러니 걱정하지 않아도 되겠지? 그래도 막상 이야기하려니까 부끄러워서 쥐구멍에라도 숨고 싶구나. 이 언니를 너무 심하게 비웃지는 말아줘.

　자.

　간다.

말할게.

준비됐어?

친구야, 나는 결혼하면 삶이 완전해진다고 생각했었어.
나는 남자친구가 생기면 내 모든 문제가 해결되고 모든 걱정이 사라질 줄 알았어.

간단하게 말하자면 모든 문제에서 나를 구해줄 사람은 … 남자뿐이라고 믿은 거야.

아까 내가 왜 걱정했는지 이제 알겠지? 사실 지금 이 시대에는 그런 생각이 우습잖아. 여자아이들도 독립심과 생계 부양 같은 개념도 배우고, 늠름한 신사가 외투를 획 던져 도와주지 않아도 물웅덩이를 건너갈 능력도 키우는 세대니까. 그런데 내가 어릴 때만 해도 똑같은 이야기를 듣고 또 들어야 했어. 등장인물이나 배경은 조금 다를지 몰라도 줄거리는 똑같았지. 보통은 여자 주인공이 위험에 처해. 항상 그런 건 아니지만 대체로는 악랄한 새언니나 새엄마가 꾸민 일 때문이야. 그리고 위험에서 빠져나가는 유일한 방법은 잘생긴 왕자가 와서 구해주는 거야.

▶옛날 옛적에 어느 소녀가 살았어요. 사악한 새엄마는 소녀의
  아름다움을 질투한 나머지 소녀에게 독약을 먹였답니다. 소녀

의 의식을 돌아오게 하는 힘은 잘생긴 왕자만이 가지고 있었어요.

▶옛날 옛적에 한 소녀가 있었어요. 사악한 새엄마와 못된 새언니들 때문에 소녀는 온종일 먼지를 털고 집안일을 해야 했어요. 멋진 왕자만이 고되고 끔찍한 일상에서 소녀를 구해줄 수 있었답니다.

▶옛날에 인어공주가 살았어요. 공주는 인어로 살기가 지독하게도 싫은 데다, 이야기 한 번 해보지 못한 인간을 끔찍이 사랑하게 되었지요. 그래서 다리를 얻는 대가로 못된 바다 마녀에게 아름다운 목소리를 주고 말았답니다. 하지만 목소리를 되찾으려면 잘생긴 왕자의 사랑을 받아야 했어요. (얘들아, 이 이야기 정말 최악 아니니? 절대, 무슨 일이 있어도 남자 때문에 네 목소리를 내주어서는 안 된단다.)

▶옛날에 어느 미녀가 살았어요. 그런데 미녀는 끔찍하고 무서운 야수에게 인질로 잡혀서 꼼짝 못 하게 되었어요. 하지만 야수는 미녀의 고운 심성에 마음이 녹아 둘은 결국 사랑에 빠졌답니다. 그래서 끔찍하고 무서운 야수는 (이제 너무 뻔하지?) 잘생긴 왕자로 돌아왔어요.

▶옛날에 괴물 때문에 탑에 갇혀 사는, 머리가 긴 소녀가 살았어요. 결국 소녀는 길게 땋은 머리를 창문으로 내리고(참 쉽다, 그렇지?) 잘생긴 왕자가 그걸 타고 올라와서 소녀를 구해준답니다. 섹시한 긴 머리 만세! 잘생긴 왕자님 만세!

▶옛날에 어느 소녀가 살았어요. 그런데 사악한 요정이 나타나서 소녀가 열여섯 살이 되면 물레에 손가락을 찔려서 마법 같은 잠에 빠질 것이라고 저주를 내려요. 한 사람만이 영원한 잠에 빠진 소녀를 구할 수 있지요. 맞아요, 바로 잘생긴 왕자예요. 그 왕자가 키스해서 소녀가 일어난답니다! (저기, 얘들아. 아무리 봐도 이건 합의조차 하지 않은 키스 같거든?)

그리고 모두 영원히 행복하게 살았답니다. 뭐 이런 식이지.

디 엔드 THE END

그런데 말이야 … 이런 동화에 관해서 이야기를 좀 해봐야 하지 않을까?

잘생긴 나쁜 자식들과
완벽한 신랑감

십 대 시절 나는 백마 탄 왕자님이 당장이라도 나타나서 나를 구해주리라 기대하며 자랐단다. 하지만 그런 일은 일어나지 않더구나. 오히려 왕자라고 믿었던 인간이 상황을 더 나쁘게 만든 적도 있었어. 나는 잘생긴 왕자가 나를 구해주길 너무나도 간절히 바란 나머지, 잘생긴 나쁜 자식들에게 이 한 몸 던지기도 했지. 잘생긴 나쁜 자식들은 왕자와 비슷하게 생기기만 했지, 완전히 달라. 내 삶을 수월하게 만드는 것이 아니라 오히려 더 복잡하게 만든다고. 어떤 자식 때문에 나는 1년이나 골치를 앓기도 했어. 어릴 때 듣던 동화에서는 왜 이런 이야기 전개를 쏙 빼놓은 거야?

나이를 먹으니까 사람들이 이제 잘생긴 왕자님 이야기 대신 완벽한 신랑감에 관한 이야기를 하더라. 꼭 산타 할아버지를 설명하는 것처럼 들렸어. 나긋나긋하고 공손한 사람이라고 다들 말했지만 실제로 존재하는 사람 같진 않았거든. 그래도 나는 크리스마스 소원으로 완벽한 신랑감이 나타나길 빌었지. 더군다나 하도 오랫동안 완벽한 남자에 관한 소문을 들어왔기 때문에 그런 사람이 나타나지 않을 거란 생각조차 하기 싫은 거야. 그래서 나는 삶을 살아오면서 철석같이 믿은 이야기들이 거짓말과 허구가 아니라는 걸 증명해야겠다는 오기가 생겼어. 나는 내 모든 잘못을 처리해 줄, (사실상) 신화에 나올법한 멋지고 완벽한 신랑감을 찾겠다는 목표를 향해 더 열심히 달려갔어.

마침내 나는 결혼할 남자인 해리를 만났고 그가 나의 '괜찮은 신랑감'이 되리라는 생각이 들었지. 하지만 내가 오래도록 기대해 온 모습으로 나를 구해주지는 않았어. 새엄마나 새언니도, 탑이나 성도, 공주님 드레스도 없었어. 왕자님이 깨워줘야 할 영원한 잠에 빠지지도 않았어. 불꽃놀이도, 다이아몬드 반지도(뭐, 처음부터 반지를 주진 않으니까), 동화책에서 본 호화로운 결혼식도 없었지. 그럼 뭘 했냐고? 우리는 후다닥 해치우듯이 결혼식을 치렀어. 모두 술을 진탕 마셨고 새신랑인 남편도 마찬가지였어. 감사 인사말을 할 때도 나를 얼마나 사랑하는지 짤막하게 말하고는 바로 샴페인을 좀 더 달라고 했을 정도였으니까. 나는 남편을 정말 많이 사랑하고 함께 하는 삶이 아주 만족스럽지만, 그렇다고 해서 남편이 나를 구해주진 못했어. 결혼하고 나서도 우울증에 걸리기도, 알코올

중독 치료 시설에 들어가기도 했거든. 오히려 중독 치료를 받은 바로 그 곳에서 내 모든 잘못을 바로잡을 중대한 진실을 하나 깨달았지. 내 문제에서 나를 구해줄 유일한 사람은 언제나 나라는 걸.

나를 구해줄 사람은 나뿐이었어.

참나, 당연한 거 아니니!

진짜 우리에게 필요한 7가지 이야기

꿈나라로 가기 전에 잘생긴 왕자와 무력한 공주가 영원히 행복하게 살았다는 이야기를 듣는 대신, 현실적이고 용감한 여성이 나오는 동화를 들었다면 어땠을까? 이런 이야기로 슬슬 시작해볼까?

관계는 삶의 부분일 뿐 전부가 절대 아니라는 사실을 깨닫는 이야기.

이 이야기에서 우리 여자주인공은 풍요롭고 성취감이 드는 삶을 스스로 만들어 낸단다. 여러 가지 취미와 관심사로 가득한 삶 말이야. 주인공은 책을 읽고 영화를 보러 가고 미술 전시회(다른 문화생활도 괜찮아)를 관람하기도 해. 십자수, 스케이트보드, 사교댄스에도 열정적이야. 내가 말했듯이 우리의 주인공은 취미와 관심사가 아주 다양하거든. 아침에 일어나서는 이렇게 생각하는 거야. '와! 이렇게 풍요로운 삶을 누리다니,

152

나는 정말 운이 좋은 사람이야! 이런 삶을 언젠가는 누군가와 함께한다면 참 좋겠다! 아 참, 오늘은 무엇을 해야 하지? 맞다, 모자를 짜서 친구에게 주기로 약속했었지? 어서 패턴을 그리기 시작해야 오늘 저녁 마음 편히 실내축구를 할 수 있겠구나!

여자주인공이 잘생긴 왕자를 만나기는 할까? 그건 주인공이 선택할 일이야. 주인공이 여자와 남자 모두에게 관심이 있다면, 공주님을 원하는지 왕자님을 원하는지 언젠가 결정하면 돼. 그리고 주인공이 동반자를 정하는 시간이 온다면, 다양한 취미와 관심사로 가득한 풍요로운 삶을 계속 사는데 자기를 보듬어주고 잘되도록 도와줄 사람인지 꼭 확인할 거야. 새로운 동반자가 생겼으니 취미와 관심사도 더 풍성해지겠지. 우리 여자주인공은 자기 자신을 완전하게 채워줄 사람을 찾지 않을 거야. 왜냐고? 주인공의 삶이 이미 완전하기 때문이지! 만세! 자, 축하 파티를 열어볼까!

남자친구를 사귀고 싶은 마음이 있다고 해서
여자들의 동지애를 저버리지 않는다는 사실을 알게 되는 이야기.

옛날 옛적에 아주 많은 일을 꿈꾸는 여자아이가 있었어. 그 여자아이는 직업적으로 성공하는 꿈을 꿨어. 세계를 일주하는 꿈도 꿨지. 스카이다이빙과 번지 점프를 하는 모습도 꿈꿨지. 언젠가 축구팀인 아스널이 프리미어리그에서 우승컵을 거머쥐는 모습도 상상했어. 한 가지 더, 부모님이 정말 짜증나게 하는 행동을 그만하는 날이 오기를 꿈꾸기도 했어. 부모님만큼 성가시게 하는 사람이 또 있을까(말로 이것이 무엇인지 설명하기는 참 힘들어. 부모님이 방에만 들어오면 주인공이 자동으로 느끼는 단순한 화학 반응인지, 아니면 부모님이 정말로 짜증을 불러일으키는 행동을 하는지 궁금할 때가 있거든). 하지만 주인공은 다른 미래를 꿈꾸기도 해. 학교에서나 친구 집에서는 털어놓고 인정하기 힘든 꿈이야. 왜냐하면 그 꿈은 바로 결혼해서 아이를 많이 낳는 꿈이거든.

이런 꿈 때문에 주인공은 스스로 약한 여자라고 느껴. 여자로서 실패한다는 기분이 드는 거야. 여자들이 선거할 권리를 쟁취하기 위해서 죽기 살기로 싸웠는데 이렇게 일상적인 삶을 원해도 될까? 여자들이 일터에서 차별받지 않기 위해 심지어 공룡과도 싸웠는데 고작 꿈꾼다는 것이 행복한 가정생활일까? 주인공은 나쁜 페미니스트일까? 과연 페미니스트이기나 한 걸까? 이런 생각을 품는다는 이유로 혹시 친구들이 실망할지도 모르니까 입을 다물어야 할까? 나이가 들수록 주인공은 자기가 잘못됐다는 생각을 더 심하게 하게 돼. 그런데도 유모차를 미는 사람들이 옆을 지나가면 난소가 자기 자신에게 아기를 가지라고 소리를 지르는 것 같았어. 밤에는 혼자 몰래 이불을 덮어쓰고 결혼 드라마를 보면서 행복한 눈물을 훔쳤어. 《브리짓 존스의 일기》 같은 책을 읽고 또 읽으면서 공감이라도 하면 괜히 부끄러워서 움츠러들어. 잘 나가는 직장, 일주일에 두 번씩 친구들과 칵테일을 마시는 저녁 시간에 그저 만족할 수는 없을까?

그런데 어느 날 요정 같은 대모님이 주인공 앞에 짠하고 나타나. 직장에서 친절하고 현명한 여자의 모습으로 말이야. 요정 같은 대모님은 주인공을 데리고 나가서 차 한 잔과 조각 케이크를 사주면서 이런저런 이야기를 해줘. 남자친구를 사귀고 싶은 마음은 지극히 정상적이니 죄책감을 느끼지 말라고, 동반자를 원하는 마음도 세상에서 가장 평범한 감정이라고. 그리고 나가서 멋진 남자를 만나 아이를 낳고, 혹시나 일터로 돌아오지 않더라도 다른 여자들의 기대를 저버리는 것이 아니라고 다독여주었어. 그리고 페미니즘의 진정한 아름다움은 여자들에게 선택권을 주는 것이기 때문에, 그 선택권이 굳이 양팔에 갓난아이를 부여잡고 기업의 높은 장벽을 깨부수는 선택이 아니어도 된다고 주인공을 안심시켰지. 집에서 아이를 돌보는 것 자체도 대단한 일이야. 그런데 만약 육아가 자기에게 맞지 않아서 예전 직장으로 돌아가기로 하고 아이들을 보육 시설에 보낸다고 하더라도 아이를 실망하게 하는 것이 전혀 아니래. 친구들과 온종일 장난칠 수 있으니까 보육 시설에 있어도 아이들은 똑같이 행복하대. 마지막으로 요정 대모님은 이렇게 말해. "결론을 말하자면, 가서 네가 하고 싶은 일을 해, 그리고 다른 사람이 네 결정을 대신 내리게끔 가만히 있지 마. 네 인생이야. 네가 원하는 대로 살아도 돼."

그래서 주인공은 대모님이 말한 대로 했어.
그리고 진정 이것만이 영원히 행복하게
살 방법이라는 사실을 깨달았지.
자기가 가장 좋아하는 길을 선택하고,
다른 사람의 길과 다르다고 걱정하지 않는 것 말이야.

남들과 다르기 때문에 네가 바로 너인 거야. 남들과 다르게 사는 것이 야말로 우리 모두 가장 잘하는 일이야.

세상에서 가장 힘든 감정, 실연의 고통을 배우는 이야기.

이 이야기에서는 해피엔딩이 없어. 실연이 안겨주는 비극이 계속될 뿐이야. 나도 알아. 희망을 주는 메시지로 들리지 않는다는 거. 배즈 루어먼 감독의 〈로미오와 줄리엣〉을 보는데 우리를 행복하게 해줄 리어나도 디캐프리오가 없는 기분이랄까. 하지만 내가 장담하는데 일단 이 이야기를 들으면(그리고 네가 이 이야기를 직접 경험해 보면) 이 세상이 네게 던지는 어떤 도전이라도 당당하게 감당하게 될 거야.

실연은 정말 끔찍해. 끔찍하고말고. 실연을 겪고 나면 우리는 삶을 계속 살아가야 할지 의심이 들거든. 다른 사람은 모두 진짜처럼 보이는데 나만 투사 종이에 본뜬 가짜 세상에 존재하는 기분도 들어. 실연은 여름날에 치는 커튼 같아. 어둠 속에서 눈을 뜨면 잠깐은 괜찮은 듯하지만 해가 내리쬐면서 전혀 괜찮지 않은 현실을 상기하게 하거든. 실연을 당하면, 얼마 전까지 너무나도 가깝게 지내던 누군가의 소식을 인스타그램에서만 봐야 하는 상황이 벌어져. 평생 몰랐던 것처럼. 그 사람이 킴 카다시안 같은 유명인사라도 되는 것처럼. 실연을 겪으면 가슴이나 배에도 실제로 고통이 느껴져. 노래를 들어도 책을 읽어도 눈과 귀에 슬픔만 들어와. 아무리 희망을 주는 노래나 책이라도 그래. 실연은 정말 최악이야. 원수에게도 이런 고통은 주고 싶지 않을 정도지. 하지만 이 일은 모든 사람에게 일어나기 마련이야. 그러니까 이 고통을 받아들이고, 허락하고, 너를 거쳐 지나가도록 가만히 둔다면 결국 행복을 시작하는 출발점이 될 거야. 네 마음을 산산조각 낼 정도로 경솔한 사람은 네 사랑을 받을만한 자격이 없다는 사실을 깨닫게 될 거라고. 그러니 실연은 다가올 미래, 더 나은 미래의 시작이야. 새로운 일의 출발점, 네 앞에 어떤 멋진 일이 펼쳐질지 모르는 기쁜 설렘 말이야.

연애만큼이나 우정도 중요하다는 것을 깨닫는 이야기.

이 이야기는 어떻게 흘러갈지 말하지 않아도 알거야. 이 이야기를 지금 네 이야기니까. 성별과 나이에 상관없이 우리 모두 이 이야기를 몸소 겪으며 살아가고 있단다.

여러모로 살펴봐도 우정이야말로 지금까지 내려오는 가장 중요한 사랑 이야기야. 우정은 틀림없이 가장 오래 이어지거든.

네가 남자친구나 여자친구(같은 여자가 좋다면)를 사귀기 전에도 친구는 있었어. 연인과 헤어진 후에도 친구는 있을 거야. 여러 연인과 수많은 이별을 겪었을 40년 후에도 지금 네 옆에 있는 친구는 그때도 여전히 친구일 거야. 네 첫 데이트와 마지막 데이트를 함께 이야기해 주고 네가 바보 같은 짓거리를 해도(바보 같은 짓은 아니야) 위로해 주는 사람들이 네 삶에 있어. 함께라면 어떤 것도 헤쳐나갈 수 있을 만한 사람들이 지금 네 삶에 있을 거야. 그러니까 그런 사람들과의 관계를 당연하게 여기지 말고, 소중히 가꾸렴(물론 당연하게 생각될 때도 있어. 삶에서는 온갖 일이 생기니까! 하지만 너무 염려하지 마. 진정한 친구라면 이해할 거야. 화해하고 나면 무슨 일이 있었냐는 듯 다시 예전 같을 거니까). 좋은 친구는 좋을 때나 나쁠 때나 항상 너와 함께 할 거야. 물론 친구들도 자기 일에 치여서 사라질 때가 있지. 하지만 마음속으로는 너를 생각하고 연락할 생각을 하면서 너와 함께 할 거야. 학교 숙제, 네트볼 연습, 온갖 일 때문에 바빠서 연락하지 못할 수도 있지만. 우정의 빛이 있다는 사실을 인지하기만 해도 결국 함께하게 될 거야.

친구들에게 사랑의 설렘을 느끼지는 않지만 네게 사랑이 없을 때 친구들이 네 곁에 있지. 친구들 때문에 마음이 터져버리지는 않지만, 누군가 조심성 없이 네 마음을 함부로 대하는 바람에 마음이 산산조각 났을 때 네 친구들이 부서진 그 마음을 다시 주워줄 거야. 친구들은 네 마음을 다시 주워서 꼼꼼하고 조심스럽게 다시 붙여줄 거야. 그리고 마지막 조각이 제자리로 돌아갈 때까지 계속해서 도와줄 거야.

친구들은 정말 너의 전부야. 친구들은 조건 없는 사랑을 베풀어. 우리 세상일을 견뎌내도록 지탱하는 힘이야. 물론 사이가 틀어질 때도 있겠지. 하지만 그런 시기가 아주 오래가진 않아. 그러다 다시 가까워지지.

서로 가장 최악의 모습을 보면서도 가장 최고의 모습만을 눈에 담는 사이가 될 거야.

친구가 있어서 얼마나 다행인지.

어리석은 밀고 당기기 게임 따위는 하지 않아도 된다는 것을 깨닫는 이야기.

너무도 솔직해서 속이 훤히 보이는 여자 주인공이 있었어. 나쁜 의미로 속이 보인다는 뜻은 물론 아니야. 다만 어떤 사람들은 '다소 소극적인' 성격이라서 걱정하는 반면에 그 주인공은 오히려 '너무 적극적인' 성격이 걱정이었지. 주인공은 목소리가 크고 언제나 웃는 사랑스러운 소녀였어. 인기가 없거나 남들의 시선을 피해 숨어버리는 성격과는 정반대였지. 보통 이런 성격은 문제 될 것이 없잖아. 그런데 연애할 때는 좀 달랐어.

주인공의 속이 훤히 보이는 솔직함은 오히려 불리하게 작용하는 듯했어. 다른 모든 영역에서는 솔직함 덕분에 주인공의 개성이 드러났고, 사람들은 그런 개성을 좋아했는데 말이야. 연애 문제에서는 솔직함 때문에 오히려 실패자가 되어버렸지 뭐야. 다들 누군가를 좋아할 때 그 사람도 나를 좋아하게 만들기 위해서는 밀고 당기기를 해야 한다고 생각하잖아. 그런데 주인공은 모차르트의 교향곡 제5번을 피아노로 연주하지 못하는 만큼이나 밀고 당기기도 못했어. 주인공에게 밀고 당기기는 중

국어로 이야기하는 느낌이었어. 한마디로 말하자면 전혀 못 했다는 이야기야. 연애의 감정을 가지고 누군가를 좋아하면 항상 메시지를 먼저 보내. 두 통, 세 통이나 보낼 때도 있어. 메시지가 가고 상대가 읽었다는 표시를 보지만 돌아오지 않는 답장을 기다릴 뿐이야. 그러면 주인공은 온 세상이 무너져 내리는 느낌을 받아. 너무 적극적이었나? 조금 적당히 해야 할까? 도도한 여자로 변신하기 위해서 연기 수업이라도 받아야 할까?

주인공이 누군가를 좋아할 때면 자기 자신을 그대로 내보이는 것만으로 연애를 망치는 것처럼 보였어. 어른들이 하는 연애의 세계에서는 주인공이 가진, 삶을 향한 자연스러운 열정이 좋은 면이 아니라 나쁜 면으로 보이는 거야. 그래서 조용하게 있어 보려고도 하고 상대방이 먼저 연락을 할 때까지 기다려보기도 했지. 신비로운 여자처럼 보이도록 최선을 다했지. 신비로운 여자가 대체 뭐길래. 그래서 항상 자기 모습을 그대로 보여주지 못하고 있다는 느낌을 받았어. 있는 그대로가 아닌 모습을 더 좋아하는 사람과 정말 사귈 가치가 있을까? 아니, 그럴 가치는 없었어.

그리고 주인공은 밀고 당기기가 정말 싫었어. 밀고 당기기는 어릴 때 놀이터에서나 하는 게임이잖아. 좋은 관계의 기초가 그런 게임에 있지 않다는 생각이 불현듯 든 거지. 상대방의 관심을 끌고 싶을 때마다 그 사람에게 차갑게 대해야 하는 삶을 살고 싶을까? 반대로 상대방이 내 관심을 끌고 싶을 때마다 나에게 차갑게 대하는 삶을 살고 싶을까? 주인공은 그런 식의 사랑이 참 이상하게 보였어. 잔인하게 보이기도 했고.

주인공은 풍요로운 관계를 원했지 서로 벌주는 관계는 원하지 않았어. 언제나 떠나버릴 것 같은 느낌을 주는 사랑 따위는 하고 싶지 않았어. 사랑은 아마도 소중한 무언가일 테니까. 누군가를 사랑하게 됐을 때 상대방이 오르락내리락하는 뱀 사다리 게임처럼 자기의 사랑을 대하지 않길 바랐어. 주인공이 주는 사랑은 그런 게임보다 훨씬 소중하잖아. 그래서 주인공은 이제부터 밀고 당기기를 하지 않기로 결심했어. 밀고 당기기를 하는 바람에 자기의 모습에 솔직하지 못한 데다, 삶에서 곁에 두고 싶은 사람들은 자기를 있는 그대로 받아주는 사람들이니까. 그래서 주인공은 자기의 생각을 꿋꿋이 지켰어. 흔들리지 않았지. 대담하게, 당당하게 자기의 모습으로 살았어.

시간이 흐르면서 주인공은 자기 삶의 테두리에 들어온 사람들 역시 대담하고 당당하게, 있는 모습 그대로 사는 사람이라는 사실을 깨달았어. 주인공과 마찬가지로, 지키지도 못할 약속을 뿌려대는 사람들이 아니었어. 그럴 필요가 없었거든.

왜냐고? 그들은 함께, 언제나 자기 모습 그대로 살겠다는

약속만 하면 됐기 때문이야.

그리고 결국 그 약속은 우리가 다른 사람에게

줄 수 있는 최고의 선물이거든.

사랑할 때도 네 모습 그대로 보여주면 돼.

여자 주인공이 왕자를 만나 함께 세상을 바꾸는 이야기.

더 나은 이야기지.

내가 이 이야기를 가장 좋아하는 이유는 사실 내가 주인공이기 때문이야. 친구야, 나는 실제로 살아있는 잘생긴 왕자님을 만나본 적이 있단다. 몇 번 만났어. 사실 일 때문에 꽤 정기적으로 만난단다. 그래, 나는 해리 왕자, 윌리엄 왕자와 알고 지내는 사이야. 만나서 사랑에 빠지지는 않았지만 우리는 함께 훨씬 대단한 일을 했어. 세상을 더 행복한 곳으로 만들기 위해서 힘을 합친 거지. 내 생각에는 이게 더 멋지고 신나는 일이야. 2017년 해리 왕자와 나는 켄싱턴궁전의 응접실에 마주 앉아서 이야기를 나눴어. 내가 운영하는 팟캐스트인 〈매드 월드Mad World〉에 방송할 목적으로. 해리 왕자는 자기의 정신 건강 문제에 관해서 모두 털어놓았어. 왕실 가족 중에 이런 이야기를 처음으로 솔직하게 드러낸 사람이 해리 왕자였지. 정신 건강이라는 문제를 바라보는 영국 국민의 시선을 바꾸는 데 내가 조금이나마 기여했다는 생각에 정말 영광이었단다.

이 이야기의 교훈이 뭐냐고? 잘생긴 왕자는 나와 사랑에 빠지기 위해서만 존재하는 사람이 아니라는 거. 성별이 다른 사람도 좋은 친구나 좋은 동료가 될 수 있어. 남자와는 좋은 친구가 되지 못하고, 남녀 사이에는 언제나 비밀스러운 성적 끌림이 있다는 말은 사실이 아니야. 남자가 우리의 적도 아니고! 남자도 너와 마찬가지로 자기 앞에 놓인 문제를 해결하려는 인간일 뿐이야. 그리고 남자도 자기의 어려운 문제와 싸우느라 무진장 힘들 때가 많아. '여자는 약하고 남자는 절대 울면 안 된다.'라는 말로 사회가 우리를 혹독하게 길들이려고 하기 때문이지. 우리 함께 그런 터무니없는 믿음을 깨부숴버리자고.

진정한 사랑이 무엇인지 배우는 이야기.

옛날 옛적에 어느 소녀가 살았어. 소녀의 첫 번째 남자친구는 여느 왕자만큼이나 잘생겼지. 멋진 푸른 눈, 칠흑같이 검은 머리, 치즈라도 갈아버릴 것 같은 날카로운 광대뼈. 190센티미터의 훤칠한 키에, 똑똑하고 재미있고 운동도 잘하고 인기도 많았어. 이런 남자를 사귄다니, 꿈인지 생시인지 믿어지지 않았지. 소녀는 사랑에 빠졌어. 아니, 사랑에 빠졌다고 생각했어. 이런 게 사랑 아니겠어? 모든 여자가 좋아하는 남자를 사귀는 게 사랑이 아니면 뭐겠냐고. 사랑은 영화에 나올 법한, 여자들이 부러워하는 커플이 되는 거잖아. 인스타그램에 멋진 사진을 올리기 위해 분위기 있는 저녁 식사를 하고, 사진이 잘 나오는 멋진 다리로 여행을 떠나 네 사랑에 자물쇠를 채워야지.

그런데 좀 걸리는 문제가 있었어. 사랑으로 느껴지지 않을 때가 있는 거야. 가끔은 경멸처럼 느껴지는 이상한 종류의 사랑 같았어. 남자친구는 소녀의 외모를 지적하기도 하고 소녀를 자꾸 깎아내리는 거야. 다른 여자들이 얼마나 매력적인지도 언급하고, 소녀가 그 여자들처럼 행동했으면 좋겠다는 말도 서슴없이 했지. 얼마 지나지 않아 소녀의 모든 행동과 모습이 남자친구를 화나게 했어. 소녀는 자기가 무엇을 하더라도 관계를 더 악화한다는 생각만 들었지.

소녀와 남자친구는 항상 싸웠어. 그래도 소녀는 괜찮다고, 열정적으로 사랑하기 때문에 싸우는 거라고 스스로 다독였어. 남자는 소녀에게 헤어지자고 하고서는 며칠 후면 다시 사귀자고 돌아왔지. 소녀는 그 남자가 자기 없이는 살지 못하기 때문에 돌아왔다고 믿었어. 정말 그런 이유라면 잘된 일이잖아. 왜냐하면 소녀도 그 남자 없이는 살지 못한다고 생각했으니까. 그래서 소녀는 남자가 못되게 굴어도 참았어. 그저 자기를 도와주려고, 더 나은 여자가 되도록 조금 밀어붙이는 것일 뿐이라고 생각했어. 그 남자 없이 소녀는 아무도 아니었어.

흠.

어?

그런데 잠깐만.

뭔가 이상하게 들리지 않니?

나는 이 이야기를 아주 잘 알아. 왜냐하면 내가 바로 이 소녀였으니까. 내 첫 번째 남자친구는 정말 재수 없는 자식이었어. 자존감이 바닥인 여자를 찾아내는데 탁월한 능력이 있는 남자였지. 그 남자는 미움을 사랑으로 착각하게 하는데 도사였어. 정말 소름 끼칠 정도로 불쾌한 경험이었지만 남자와 있을 때 참지 말아야 할 행동이 무엇인지 톡톡히 알려줬지. 경고할게. 이 이야기가 조금이라도 네 상황과 비슷하게 들린다면 당장 그 관계는 끝내. 그 관계에서 사랑의 모습이라고는 찾아볼 수 없으니까. 정신이 아픈 사람 둘이서 일그러진 비정상적 춤을 추고 있는 것뿐이야. 관계를 서둘러 끝낼수록 진정한 사랑이 무엇인지도 빨리 찾게 될 거야.

독약과도 같은 관계에서 빠져나오고 나서 내가 사랑에 관해서 알게 된 진실을 몇 가지 알려줄게….

사랑은 다정하단다. 사랑은 늘 다정해.

사랑은 네가 원하지 않는 일을 하도록 강요하지 않아. 네가 지금 당장 준비되지 않았다고 하더라도 이해하고, 네가 의사 표현을 하면 존중해주고, 그러고도 변함없이 너를 사랑하는 마음이야.

사랑에 늘 격정적인 감정이 일어나야 할 필요는 없단다. 사실 격정의 반대 모습으로 나타날 때도 많아.

사랑은 너를 바꾸려 들지 않아.

사랑은 너를 바꾸고 싶어 하지도 않아.

조이 디비전의 유명한 노래 가사와는 달리, 사랑은 너를 갈기갈기 찢지도 않아.

사랑하는 사람도 가끔은 냄새가 나. 이건 어쩔 수 없구나.

그리고 사랑도 정말 성가실 때가 있어. 이것도 어쩔 수 없구나.

사랑은 네가 원하는 것을 탐험하고 필요한 관심사를 계발하도록 너를 자유롭게 놓아둘 거야.

사랑은 영화에서 보여주는 모습과는 다르단다. 훨씬 평범할 때가 많지.

사랑은 이미 그곳에 있어.

바로 네 안에 말이야.

네가 할 일은 그 사랑을 소중히 가꾸고

네 사랑을 감사히 여길 줄 아는

사람에게만 주는 거야.

세상에는 그런 사람이 아주 많을 거야. 내가 장담할게.

일곱째

삶에서
힘든 시기를
헤쳐 나가게 하는 힘

난 너무 평범해서 그저 그런 삶을
살 것 같은 생각이 들곤 했어

학교 다닐 때 나는 단지 '끼워주기 싫은 아이'가 아니라 더 하찮은 아이라고 생각하곤 했어.

나는 '직업적으로 성공하기 힘든 아이'라는 느낌도 받았어. '간신히 그저 그런 회사에 들어가서 그저 그런 일을 하며 그저 그런 삶을 살 것 같은 아이'였지. 나는 스스로 너무나도 평범하다고 생각했어. 사실 흥미로운 미래가 있으리라고 기대하며 나를 바라보는 사람도 거의 없었지. 이를테면 '퇴학당할 것 같은 아이'라든가 '훗날 총리가 될 것 같은 아이'라든가.

내가 얼마나 그저 그랬는지 감이 잡히지 않을 거야. 특별히 너를 위해서 내가 학교에서 유일하게 상을 받은 날이 어땠는지 이야기해줄게. 이런 장면을 상상해봐. 여름 학기가 끝날 무렵이야. 긴 휴일이 우리 앞에 멋지게 펼쳐져 있긴 하지만 일단 기나긴 상장 수여식을 견뎌야만 해. 내가 어떤 행사를 말하는지 너도 알 거야. 학기가 끝날 때 하는 이른바 '대단한 행사'는 사실 세상에서 가장 시시한 시상식이지. 반짝반짝한 의상도 없고 선물 꾸러미도 없고 눈물을 훔치는 수상소감도 없이, 매번 똑같은 학생들이 거들먹거리며 무대로 올라가서 주임 선생님과 거만한 미소를 서로 주고받는 거지. 그러고 나서 주임 선생님이 돌아서서 나머지 학생을 훑어보는데, 딱 봐도 이런 눈빛이야. '너희들이 잘돼봤자 얼마나 잘 되겠어?'

그 눈빛 알잖아.

매년 몇 안 되는 똑같은 학생들이 몇 안 되는 똑같은 상을 받아. 여름 방학을 즐기도록 얼른 풀려나고 싶으면 우리는 상 받은 학생들의 명석함에 머리를 조아려야 해. 이런 부당함을 눈치챘는지 학교 측에서 위로의 상을 주더라. 하위권 학생들에게 주는 상 같은 거지. 강당에 있는 덜 똑똑한 나머지 전교생 293명이 소외감을 덜 느끼도록 말이야. 노력 우승컵은 참 슬프게도 생겨서 우승컵이 아니라 머그잔이라고 해야 할 정도야. 아무도 받고 싶어 하지 않는 상이지. 왜냐하면 주임 선생님이 이 상을 주기 전에는 항상 설교를 한 말씀 하시는데, 이 상을 받는 학생을 신발 끈만 묶어도 칭찬해 줘야 할 것 같은 모자란 아이처럼 이야기하거든. 한마디로 불쌍해서 주는 상이잖아. 어른이 되기 직전의 사춘기 여학생에게 이런 상은 안 받는 만 못하다고.

그해 시상식에서 노력 우승컵을 수여할 때 주임 선생님은 설교에 아주 정성을 쏟았어. "이번 해의 노력 우승컵 우승자는 공부가 쉽지 않은 학생입니다." 선생님은 이름도 제대로 못 쓰는 학생을 이야기하듯 우승자에 관해 말했어. "우승자는 좋은 성적을 받으려고 노력했으나 집중하는데 어려움을 많이 겪었습니다." '우승자'가 누군지 몰라도 내가 다 민망했지. 표정들을 보니 나와 같은 줄에 있는 다른 학생들도 민망해하는 것 같았어. 주임 선생님의 연설은 계속되었지. "집중력이 문제였습니다. 하지만 올해 그 학생은 D와 E였던 성적을 탄탄하게 B와 C로 올리면서 가능성을 보여 주었어요. 우리가 마음먹고 성실하게 노력하면 못 할 일이 없다는 것을 그 학생은 직접 보여 주었습니다…." 나는 전교생 앞에서 망신당할 그 애가 불쌍했어. … 그런데 …

"노력 우승컵의 주인공은 브리오니 고든!"

오 마이 갓.

그럼 그렇지.

내가 이런 상을 안 받을 리가 없지, 안 그래?

다음 목록은 내가 사춘기 때 두각을 보인 몇 안 되는 종목이야.

▶ 자위행위

▶ 공상하기

▶ 닌텐도 게임보이 하기

▶ 공책에 아주 정교하게 꽃 그림 그리기

▶ 뾰로통하게 있기

그리고…

▶ 프랑크푸르트 소시지 날 것으로 먹기

(왜 그런지는 묻지 마. 뭐라고? 알았어. 물어봐, 그럼. 내가 어떻게 알게 됐는지 모르겠는데, 무슨 이유에서인지 나는 익힌 프랑크푸르트 소시지보다 날 것을 좋아해. 너무 맛있어서 냉장고에서 꺼내서 그 자리에 앉아 한 팩을 다 먹은 적도 있어. 남들에게 날것으로 먹으라고 권하지는 않아. 왜냐하면 첫째, 배탈이 날 수도 있거든. 둘째, 둘째가 왜 필요해? 첫 번째 이유면 충분하잖아. 첫 번째 이유만 알면 돼.)

꽤 많은 종목에서 두각을 보였지? 하지만 잘해봤자 아무짝에도 쓸모 없는 것 같았어. 지극히도 중요한 학문의 세계와는 전혀 관련 없는 일이 거든. 자위행위는 삶에서 정말 중요한 기술이지만 선생님들한테는 전혀 통하지 않았지. 다들 내가 트라이앵글 말고 다룰 줄 아는 다른 악기가 있기나 한지를 더 걱정하셨으니까. 공상하기도 멋지지만 내가 공상하는 내용을 머릿속에서 꺼내어 영어 선생님이 좋아할 만한 멋진 이야기로 종이 위에 쓸 능력은 없었어. 테트리스와 슈퍼마리오 게임은 정말 잘했지만 그렇다고 수학 문제를 푸는 데 도움이 되진 않았지. 멋지게 그림을 끄적거리는 것도 프랑스어 수업을 때우는 좋은 방법이었지만 프랑스어를 배우는 데 도움을 주진 못했어. 뾰로통하게 있기? 이건 별 것 아니지. 프랑크푸르트 소시지 날것으로 먹기? 이건 더더욱 별것 아니지. 그래서인지 어린 학생이었을 때부터 나는 원래 쓸모없는 인간이라고 느꼈었어. 뛰어나게 잘하는 과목은커녕, 조금이라도 잘하는 과목조차 없었거든. 부모님, 선생님, 그리고 모든 사람이 내게 하는 말이라고는 학교에서 잘하지 못하면 다른 어떤 분야에서도 잘하지 못한다는 이야기였어. 11살, 12살에 내가 가진 능력이 마치 평생 가져갈 유일한 능력처럼 느껴졌어. 한편 나는 육체적으로 '발달하고 있다'라는 말은 항상 들었지만, 학문적으로 발달하고 있다는 느낌은 받지 못했어. 그런 점에서 나는 항상 그저 그런 사람일 것이며, 학교생활은 앞으로 펼쳐질 내 삶의 모습을 반영하는 꽤 정확한 지표라는 생각이 들었어. 그저 그런 사람. 너무 심하다고? 알았어. 그럼 인상적이지는 않은 사람이라고 해두자. 아주 느려 터져서 진전이 없는 사람 말이야.

소위 말하는 생활능력이나 학교 성적만 보면 내가 멋진 일을 해내리라 믿기 힘들었어. 하지만 지금도 나는 굉장한 일들을 해내고 있거든. 내게 일어난 일들이 일어나리라고 알려줄 만한 징조가 눈곱만큼도 없었어. 아무도 나를 '베스트셀러 1위 저자가 될 것 같은 아이'나 '해리 왕자 부부에게 초대받을 것 같은 아이'로 뽑아주지 않았어. 누구도 이런 일을 예상하지 못했어. 특히 나 자신이. 누군가가 열두 살 아이였던 내게 '나중에 벽난로 위에 네가 받은 상을 죽 진열해 놓을 거야, 그리고 전국 신문에 네가 쓴 기사도 실릴 거야.'라고 말했다면 나는 분명 대놓고 콧방귀를 뀌면서 다른 사람을 놀리면 못쓴다고 대꾸했겠지.

겸손한 척하면서 은근히 내 자랑을 한다고? 말이 나와서 말인데 '겸손한 척 은근히 자랑'이라는 말은 인제 그만 쓰면 안 될까? 작든 크든 성취한 일을 입 밖에 내도록 우리 모두 용기를 가져야 해. 사람들은 자기 자랑을 너무 안 한다고. 네가 해낸 일이 자랑스러우면 당당히 자랑스럽게 여겨! 성취한 일을 이야기할 때 '만'이나 '고작'이라는 말이 목구멍까지 올라오더라도 참아. 크로스컨트리 경주에서 5킬로미터만 뛰었다고? 5킬로미터나 뛴 거야. 기타 연주에서 고작 4등급을 받았다고? 4등급이나 받은 거야. 네가 해낸 일을 이야기할 때 신나게 이야기해. 길모퉁이에 있는 가게에 갔다 온 정도처럼 이야기하지 말고(때때로 정말 힘든 날에는 가게에 다녀오는 것도 엄청나게 대단한 일이지만).

어쨌든 내가 하려는 말은 이거야.

자기 비하는 하지 마.

네가 성취한 일을 얕보거나 무시할 때마다

자존감도 조금씩 깎아 먹힐 거야.

네가 해낸 일을 기뻐하면

세상도 그 기쁨을 그대로 느낀다고.

우리가 학교에서 배워야 할
다섯 가지

보면 알겠지만 나는 세상에서 제일 뒤떨어지는 선생님이야. 아니면 제일 무책임한 선생이거나. 그저 그런 수능 성적 이외에는 취득한 자격증이나 증명서도 딱히 없어. 비록 자격은 없지만 네게 가르쳐주고 싶은 교훈은 꽤 많단다. 나를 조금 이상한 임시 교사로 생각해 줘. 지역에 돌림병이 도는데 나만 그 병에 면역성이 있어서 잠깐 수업을 맡게 되었다고 치자고. 나는 너무 재미있게만 해주니까 학교에서는 나 같은 선생을 오래 두려고 하지 않겠지만, 일단 왔으니까 따분한 물리 선생님보다는 네게 더 기억에 남도록 충격적인 이야기를 좀 할 셈이야. 그래, 남는 시간에 마인크래프트 게임만 줄곧 할 것처럼 생긴 너희 물리 선생님 말이야. (물론 마인크래프트 게임이 이상하다는 말은 아니니 오해하지 않길.)

내가 여기에 있는 동안 살펴볼 요점 몇 가지를 소개할게.

Lesson 1: 성적은 중요해 … 하지만 중요한 것이 성적만은 아니야.

네 통지표에 이런 내용을 써서 보내면 너희 부모님이 나를 이상한 선생으로 볼 거야.

'통지표: 다 괜찮을 겁니다.'

정말로, 사실대로 말하자면 네가 어떤 성적을 받든 괜찮을 거야.

압니다, 알아요. 내가 말하는 내용은 대대로 내려오는 안전책인 '겁주기 방법'과는 거리가 멀지. '겁주기'는 수 세대에 걸쳐서 아이들에게 쓴 방법인데 한 마디로 전 과목에서 A를 받지 못하면 삶이 끝난다고 말해. 길거리에서 노숙자 신세가 되어 가문의 이름에 먹칠한다고 겁주는 거야. 얘들아! 고작《파리 대왕》을 읽고 글을 쓰는 학교 과제일 뿐이지, 파리 기후 변화 협정에 관한 기사를 쓰는 게 아니야. 그러니까 진정하렴.

우리 엄마와 아빠도 내게 겁주기 방법을 쓰곤 했지. 부모님이 대입 시험 준비를 어떻게 했는지, 대입 시험을 정말 치긴 쳤는지 알려주셨다면 내가 말을 들었을 지도 모르겠어(학습의 중요성에 매달리는 분들치고는 기억력이 아주 희미한 것 같다만).

그렇지만 생각해 봐, 적어도 시험 성적에 관해서는 '다 괜찮을 겁니다.'라는 말이 '세상은 끝날 거야.' 보다 훨씬 정확한 미래 예측이잖아. 사

179

실 다른 모든 영역도 마찬가지야. 나도 알아, 내가 이미 겪었으니까 '다 괜찮을 겁니다.'라는 말을 쉽게 할 수 있지. … 하지만 내가 장담하는데 정말이야. 통계적으로도 괜찮지 않을 확률보다 괜찮을 확률이 훨씬 높아. 네가 시험에서 A나 B, 심지어 C조차 못 받아도 소행성이 너를 강타하지 않는다고. 나는 이런 이야기가 정말 중요하다고 봐. 왜냐하면 학교에서 느끼는 부담감은 자칫 너를 짓눌러 버리기 마련이거든. 나는 대입 시험을 준비하면서 스트레스를 너무 받은 나머지 항우울제를 처방받고 학교도 2주 동안 가지 못했어. 그래서 더 힘들어졌지. 믿기 어렵겠지만 적당한 스트레스는 중요해. 약간의 스트레스는 과제 마감일을 지키도록 긴장감을 주고, 정말 공부해야 할 때 열심히 하도록 박차를 가하는 원동력이 되거든. 하지만 지나친 스트레스는 전혀 도움이 되지 않아. A를 받느라 네가 건강을 잃는다면 세상에 있는 모든 A가 대체 무슨 소용이 있겠니.

성적은 중요해. 중요할 수밖에 없지. 만약 의사가 되고 싶다면 정신을 바짝 차리고 과학 공부를 열심히 해야겠지. 하지만 중요한 것이 성적만은 아니야. 시험과 시험 결과도 마찬가지야. 큰 문제이긴 하지, 4년에 한 번 영국이 월드컵에서 좋은 성적을 거두는 것이 우리에게 큰 문제이듯이. 이 모든 일이 당시에는 끔찍이도 중요하게 보이겠지만, 살면서 네가 이런 일들을 생각조차 하지 않는 시간이 훨씬 길 거야. 내 말을 믿어보렴.

Lesson 1 마무리

학교 성적이 좋지 않아서 벌벌 떨고 있니? 나도 그 마음 충분히 이해해. 아무도 이 책을 사지 않을까 봐 나도 지금 떨리거든. 이렇게 힘들 때 도움이 되는 방법은 숨을 깊게 들이쉬고 산책하러 나가는 거야. 그리고 성적 이외에도(또는 책 판매율 이외에도) 네게 중요한 것들을 쭉 적어봐. 목록에 있는 것들이야말로 매일 기쁨을 준다는 사실을 알게 될 거야. 자격증이나 성적 우수상이 아니라,

나를 행복하게 해주고 내게 아주 중요한 것은 …

▶ 가족

▶ 내 딸의 기니피그인 케이티와 샬럿. 수컷인데 딸이 굳이 여자 이름을 붙여주었어. 남자, 여자 둘 다 될 수 있나.

▶내가 매우 화났을 때 달리기 좋은 도로

▶따뜻한 목욕

▶내 유머 감각

▶소파에서 넷플릭스를 시청하는 저녁시간

▶토요일 아침에 일어났는데 다른 사람이나 일 때문에 무언가를 준비하지 않아도 될 때 드는 홀가분한 기분

Lesson 2: 수학이나 영어 과목에서 엉망이라고 해서 인간성도 엉망인 것은 아니야.

학교에서 너보다 한 학년 위의 노는 언니들 눈길을 피하랴 방 정리했냐고 물어보는 엄마의 문자메시지도 외면하랴 갑갑한 마음으로 복도를 걷는 중이라면, 네가 괜찮은 사람이라는 생각조차 제대로 하기 힘들 거야. 하지만 내가 '너는 있는 그대로도 참 괜찮은 사람이야.'라고 말한다면? 알아, 네가 무슨 생각하는지. 내가 너무 쓸데없는 말을 한다고 생각하지? 하지만 학교에서 문제가 좀 있다고 해서 또는 친구와 사이가 좀 틀어졌다고 해서 네가 한 인간으로서 실패한 사람은 아니야. 수학이 엉망이라고 해서 당연히 네 인생조차 엉망인 것도 아니고. 수학 성적이 안좋으면 수학을 조금 더 열심히 해야 한다는 의미일 뿐이지. 공부했는데도 수학을 못 한다? 그래도 걱정하지 마. 대수학이나 방정식을 안 해도 되는 직업이 아주 많으니까. 휴, 얼마나 다행이니!

모든 과목을 잘하지 않아도 돼. 심지어 잘하는 과목이 없어도 괜찮아. 지금 네가 잘하는 과목은 너 자신으로 사는 과목일 수도 있거든. 아무도 네가 되지 못해. 정말이지 지구상에서 너보다 더 너처럼 살 수 있는 사람은 아무도 없어. 그리고 지금 당장 열정이 있는 일이나 좋아하는 일을 찾지 못했다고 해서 평생 그런 것도 아니야.

등수와 성적의 문제가 뭔지 알아? 등수와 성적은 전후 상황을 고려하지 않고는 아무런 의미가 없는 숫자와 글자일 뿐이야. 그러니까 내 말은 히틀러가 학교 성적은 좋았을지 몰라도 나는 히틀러와 친하게 지내고 싶지 않았을 거라는 뜻이지. 성적은 네가 시험을 얼마나 잘 쳤는지 숙제를 얼마나 잘했는지를 알려주는 숫자에 불과할 뿐, 다른 정보는 별로 없어. 정말 중요한 사항은 들어있지 않다고. 이 사람이 얼마나 의리 있는지 친절한지 정말 상황이 어려울 때 친구를 위해 맞서 싸워주는지는 성적표에 나와 있지 않아. 춤을 신나게 잘 추는지 재미있는 이야기를 잘하는지 기가 막히게 맛있는 컵케이크를 만드는지도 알 방법이 없지. 생각해 봐. 사람을 만나면 프랑스어 성적을 확인하고 그 사람을 좋아할지 말지 결정하니? 그래, 물론 네가 프랑스어를 못 해서 과외 선생님을 구한다면야 그럴 수 있겠지. 하지만 그런 상황이 아니라면 그 사람 자체를 보고 좋아하지 시험 성적을 보고 좋아하진 않잖아. 취미, 관심사, 성격이 중요하지. 네가 느끼는 감정도 중요하고. 바로 이런 거야. 이런 것들이 대단한 기관에서 주는 대단한 자격증보다 훨씬 가치 있단다.

Lesson 2 마무리

　삶을 열심히 사는 것은 정말 중요해. 하지만 국가 교육과정에 전력을 다하지 못했다고 해서 삶을 잘못 살았다고 생각하지는 마. 그리고 어떤 과목을 뛰어나게 잘하지 못한다고 해서 그 과목을 즐기는 마음마저 버리진 마. 나는 과학을 잘하지는 못했지만 과학 시간에 하는 실험은 정말 좋아했거든.

　나는 영어 시간에 여러 종류의 글을 읽는 것은 정말 좋았지만 글쓰기는 죽도록 싫었어. 너 자신에게 성공이 무엇인지 한번 물어봐. 정말 전 과목에서 A를 받아야 성공이니? 아니면 예상치 못한 곳에서 즐거움을 찾은 덕분에 일상을 충만하게 지내는 것이 성공일까?

　삶을 향한 네 마음이 점수나 등수로 휘둘리지 않았으면 좋겠어. 점수와 등수는 일시적이고 항상 바뀌는 데다 네게 삶의 큰 그림을 말해주지는 못하거든. 시험은 특정 시기의 특정한 날 특정 시간에 어떤 일이 있었는지를 보여줄 뿐이야. 평생 족쇄로 달고 살 일이 아니라는 거지. 시험을 잘 치면 좋기야 좋지. 축하할 일이기도 하고 당당하게 자랑스러워할 성과이기도 해. 하지만 삶에서 진짜 힘든 시기에 너를 헤쳐나가게 하는 힘은 대입 시험 성적이나 지리 시간에 배운 내용에서 나오지 않아.

　바로 네게서 나오지. 반짝반짝 빛나는 네게서.

Lesson 3: 자기 자신을 믿어주는 마음은 삶에서 아주 유용하게 쓰일 거야.

내가 어릴 때 우리 엄마는 정말 많은 말을 해주셨지. 너는 참 까다롭다, 지저분하다, 말을 잘 안 듣는다, 가끔이라도 머리 좀 빗어라. 학교 성적이 안 좋으면 외출을 금지하겠다, 노력해서 성적이 좀 좋았으면 좋겠다. 제발 나를 가만히 좀 내버려 두라고요! 하지만 엄마는 날이면 날마다 이런 말도 해주셨어.

내가 참 특별하다고 말이야.

그리고 언젠가 내가 멋진 일을 해낼 거라고.

아마도 나는 엄마한테만 특별한 아이였겠지. 하지만 그것으로도 충분했어. 내가 원하면 무언가를 할 수 있다는 믿음을 심기에는 넉넉했던 거야. 세상에 도전하는 것, 그 결과가 어떻든 간에 도전한다는 자체가 승리라는 믿음이 생겼어. 너도 봤겠지만 지금의 나를 만든 건 평균에서 맴도는 내 성적이 아니었어. 엄마의 믿음이었지. 어릴 때는 그것만 있으면 된다고 생각해. 네가 무엇을 하든 너를 사랑해주는 사람. 조건 없이 네 곁에 있어 주고 네가 몇 번을 실패해도 아랑곳하지 않고 묵묵히 너를 봐주는 사람. 유튜브에 찾아보면 고인이 된 시인이자 작가인 마야 안젤루의 멋진 영상이 하나 있어. 영상에서 마야 안젤루는 어머니의 사랑이 자신의 삶을 어떻게 만들었는지 이야기하는데, 상황이 잘못돼도 어머니가

185

항상 곁에 있어 줄 거라는 사실을 알았기 때문에 나가서 해야 할 일을 할 용기가 생겼다는 거야. 상황이 나빠질 일은 늘 있기 마련이잖아.

**바로 이런 것을 두고 사람들은
사랑 덕분에 자유로워졌다고 말한다.
너를 판단하거나 비판하지 않으면서
네가 너로 살도록 두는 것,
일이 어긋날 때도 '그럴 줄 알았다.'라고
비꼬지 않는 마음이야말로 위대한 사랑이야.**

줄줄이 A를 받은 최우수 성적표보다는 너를 전적으로 믿어주는 사람이 훨씬 더 가치 있는 보물이야. 최우수 성적을 받은 사람한테 직접 물어봐. 성적을 잘 받으려면 항상 조마조마해 하며 유지하기 위해 버텨야 하거든. 아주 구하기 힘든 다마고치나 애완 기니피그처럼 눈을 떼지 않고 돌봐야 해.

아무도 너를 믿어주지 않는 것 같다고? 일단 결론을 말하자면, 너를 믿는 사람이 있다고 장담할게. 너는 엄마나 아빠조차 믿어주지 않는다고 생각할 수도 있겠지만, 그건 부모님의 잘못이지 네 문제가 아니야. 부모님이 해결해야 할 해묵은 문제가 있을 뿐이라고. 그러니까 내가 하고 싶은 말은 이거야. 네 부모님도 마음속 깊은 곳에는 너를 믿는 마음이 있을 거야. 다만 자기 자신의 문제에 가려 안 보일 뿐이지. 기억하렴, 자기 머릿속에 있는 문제는 다른 사람의 문제보다 늘 커 보인다는 걸. 따라서 자녀를 믿지 않는다는 부모님은 자기 자신을 믿지 못하는 문제를 겪는 경우가 대부분이야.

너를 믿는 다른 사람을 찾아봐도 돼. 이모일 수도 있어. 선생님도 괜찮고. 너를 멋진 아이로 생각하는 동네 구멍가게 사장님일지도 몰라. 친구도 좋아. 심지어 너와 적수인 사람도 가능해(너를 가장 믿는 사람이 적수인 경우도 왕왕 있어. 네게 위협을 느낀다는 것 자체가 너를 향한 믿음을 훤히 드러내잖아). 아니면 내가 그 사람일 수도 있어. 나는 너를 믿거든. 속옷 바람으로 화장대를 책상 삼아 이곳에 앉아서 글을 쓰면서, 영어 시험에서 기어이 A를 받는다고 모든 것이 완벽해지지 않을 거라고 네게 말하는 지금, 이 순간에도 나는 너를 믿는단다.

성적이 어떻든 간에
넌 지금 네 모습 그대로도 온전해.

Lesson 3 마무리
너는 멋지고 굉장한 사람이야, 정말이야. 그러니까 친구야, 절대 잊지 마.

Lesson 4: 실패는 끝이 아니야. 실패가 시작일 때도 있어.

내가 10살 때 존 메이저라는 사람이 영국 총리가 되었어. 직위를 받아 지금은 존 메이저 경(서훈을 받아 이름 뒤에 붙는 명칭도 더 길어졌어)으로 불리는 이 사람은 16살에 학교를 그만두었기 때문에 옛날 대입 시험에서 고작 세 과목의 성적밖에 없었어. 나중에 세 과목을 더 치긴 했지만 여섯 과목으로는 모범생 축에는 들지도 못해. 사실 나머지 공부를 해야 하는 학생 축에도 못 끼지.

토머스 에디슨을 가르친 선생님들은 에디슨이 '바보라서 학습이 어려운 아이'라고 했대. 그런데도 전구를 발명했잖아.

케리 멀리건은 연극 학교에 지원했지만 모두 떨어졌어. 하지만 나중에는 오스카상의 후보로 이름이 올랐지.

조 말론은 뇌졸중으로 쓰러진 어머니를 돌봐야 해서 13살에 학교를 그만두었어. 지금 말론은 수십억 파운드의 가치를 지닌 뷰티 회사를 설립해 경영하고 있어. 어린 시절 비누를 비비면 나는 향을 좋아했기 때문이야.

솔 벨로에게 문학적 재능이 전혀 없다고 본 어느 교수는 벨로를 '별볼 일 없는 학생'이라고 말했었지. 하지만 후에 퓰리처상과 노벨 문학상을 받았어.

빌 게이츠는 대학교를 중퇴했어.

크리스 프랫은 십 대 시절 노숙자였어.

리처드 브랜슨은 졸업장 하나 제대로 받지 못하고 학교를 떠났어.

마야 안젤루는 어린 시절 말을 못 했어.

알베르트 아인슈타인은 '정상'이라는 말을 듣고 자란 사람이 아니었어.

소위 실패자로 불렸지만 성공한 사람이 소수라면 학교에서 평범했지만 더 행복하고 멋지고 성공적으로 살게 된 사람은 헤아릴 수 없을 만큼 많아. '평범한' 학생이라 여겨진 찰스 다윈 같은 사람을 생각해 봐. 마지막에 웃는 사람이 승자 아니겠니?

Lesson 4 마무리

실패는 끝이 아니야. 대부분의 사람에게 실패는 시작일 뿐이야. 인스타그램에 떠도는 뻔한 이야기처럼 들리지 않길 바라지만 한마디 할게. 실패가 너를 한정 짓도록 할 수도 있고, 반대로 네가 실패에 선을 그을 수도 있어. 선택은 네 몫이야. 기억하렴. 누구도, 심지어 너 자신조차 네게 큰 기대치가 없을 때 자유롭게 훨훨 날 수 있단다. 사람들에게 본때를 보여줄 수도 있고. 부정적인 상황은 언제든 긍정적인 상황으로 바뀔 수 있어. 부정적인 상황을 반대로 만드는 것이야말로 네가 가장 짜릿함을 느끼는 순간일 거야.

Lesson 5: 네가 공부를 아주 잘하는 학생이라면 아마 잃을 것이 많다고 느낄지도 몰라.

이번에는 학교에서 공부를 정말 잘하는 친구, 그러니까 명석한 우등생을 위한 이야기를 해볼게. 나는 네가 정말 안 됐구나. 정말, 진심이야. 나는 너를 보면 마음이 아파. 왜냐하면 항상 잘하는 사람들도 부담을 느끼거든. 네가 계속 잘할 거라고 믿고 전적으로 모든 것을 거는 가족이나 학교를 실망하게 하면 안 된다는 부담감이 있을 거야. 정상에서 보는 경치는 아름다울지 몰라도 정상까지 간 사람은 내리막길도 있다는 사실을 알거든. 명석한 학생으로 살기도, 성적만이 네 가치를 입증해 준다고 느끼며 살기도 참 힘들 거야. 시험을 잘 치는 능력 빼고는 아무것도 없다고 느끼는 것 말이야. 너도 제멋대로 살고 싶을 때도 있겠지. 모범생으로 보이고 싶지 않을 때도 있을 테고. 어떻게 훌륭하게 글쓰기 숙제를 하는지, 2차 방정식을 어떻게 푸는지 대답하기 싫을 때도 있을 거야. 네 삶의 모든 것이 완벽해야 한다는 생각, 부담감, 기대에서 벗어나 그저 너 자신으로 살고 싶을지도 모르겠구나. 그런 마음을 가져도 괜찮아. 가끔은 시험에서 완벽한 성적을 받지 않아서 다른 사람에게 인간적인 모습을 보여줘도 괜찮아.

내가 보장할게, 그래도 세상은 끝나지 않는단다.

Lesson 5 마무리

사랑하는 친구야,
남들이 어떻게 보더라도
네 최선이 결국 최고인걸.

숙제를 열심히 하고 수업을 듣고 시험을 치는 것도 좋지만, 네가 머릿속에 꼭 넣어야 할 지혜는 바로 이것이란다.

가끔은 뇌가 말썽을 부릴 때가 있어.

너는 눈송이가 아니야

정말이야, 너는 눈송이(전 세대보다 타인의 언행을 다소 예민하게 받아들이는 젊은 세대를 비꼬는 용어 – 옮긴이)가 아니야.

네가 육각형으로 생겼니? 만지면 얼음처럼 차갑기라도 해? 2도 이상인 날씨에 녹기라도 한단 말이야?

그렇지 않다고?

그럼 너는 당연히 눈송이가 아니지.

예를 들어볼까? 눈송이는 책을 읽지도 못해. 웃지도 울지도 못 하고. 운동도 못 하고 언어로 소통도 못하고 유튜브 채널을 개설하지도 못해. 친구를 위해 곁에 있어 주지도 못하고 어떤 눈송이가 나쁘게 행동한다고 해서 다른 눈송이들끼리 똘똘 뭉치지도 못해. 눈송이는 춤을 출 수도, 노래할 수도 없어. 고함을 치지도 소리를 지르지도 느끼지도 못해. 눈송이는 인간처럼 아찔하고 복잡하고 살아있음을 느끼게 해주는 다양한 감정을 경험하지도 못한다고.

그러니까 너는 눈송이가 아니야. 너는 눈송이보다 훨씬 대단한 존재야. 너는 입을 다물지 못할만한 뇌를 가진 빛나고 멋진 사람이야. 그 뇌는 삶을 살아가는 너를 아름답고, 믿기 힘들고, 무섭기도 한 곳으로 데려가 주지. 심지어 네가 방에 가만히 있을 때조차 그런 경험을 하게 해줄 때도 있을 거야.

너는 눈송이가 아니야. 너는 강렬하고 복잡하고 미묘하고 환상적이고 놀라움을 자아내는 존재라고. 대체 눈송이가 웬 말이니?

말도 안 되지.

지금쯤이면 눈치챘겠지만 나는 '눈송이'라는 용어를 그렇게 좋아하지 않아. 하늘에서 떨어지는 실제 눈송이를 말할 때는 예외지만. 왜냐하면 젊은 세대에게 붙은 '눈송이'라는 용어는 이전에 무시당한 집단을 돕기 위해 용감하게 목소리를 내고 감정을 표출하는 모든 젊은 층을 경시하는 말이거든. 그래서 눈송이라는 말을 들으면 나는 피가 들끓어. 최근에 뉴스에서 본 헤드라인 몇 가지를 가져와 봤어.

'가장 스트레스를 많이 받는 세대는 눈송이 세대'

'눈송이 세대는 지나치게 자기중심적일까?'

'마음을 가라앉히는 방법을 배우는 눈송이 세대 아이들'

(학교에서 마음 챙김과 명상 수업을 제공한다는 이야기와 함께 일간지 표지에 실렸지)

내 머릿속의 괴물

눈송이에 관한 허튼소리는 무례할 뿐만 아니라 위험하기도 해. 왜 위험하냐고? 자기감정을 표현하면 안 된다는 메시지를 사람들에게 주거든. 감정을 드러내지 못한다고 느끼게 되면 그 결과는 참담할 거야.

나는 직접 겪어봐서 잘 알아. 자기 생각을 입 밖으로 내지 않는 시대에 자랐거든. 12살 때 갑자기 끔찍한 전염병으로 내가 죽을 거라는 생각에 휩싸인 적이 있어. 그 후 몇 년간 나를 정말 위험에 빠뜨릴 진짜 병은 강박 장애이고 그것 때문에 따라올 병이 우울증이라는 사실은 몰랐지. 나는 그저 내가 잘못되어서 죽음의 벼랑 끝에 있다고만 생각했어. 세균에 너무 집착한 나머지 세면대에서 피가 날 때까지 몇 시간이고 손을 씻었어. 집에서 나가기조차 두려웠어. 밖에서 만지게 되는 모든 것들이 나를 전염시키고 죽이리라 생각했거든. 베개 밑에 칫솔을 두고 자기도 하고 가족을 만지지도 않았어. 내 병으로 가족까지 죽게 만들고 싶진 않았거든. 그래서 가족들을 살리려고 주문을 외우고 다니기도 했어. 어린 시절 나는 집 밖에 숨어있는 괴물을 조심하라는 이야기를 들으며 자랐는데, 막상 내 머릿속에 괴물이 있다는 말은 아무도 해주지 않았던 거지.

우리 부모님은 내가 사춘기를 겪어서 그렇다고 생각했나 봐. 얄궂은 점은 정말 그렇게 사춘기 수준으로 넘어갈 수도 있었다는 사실이야. 우리 모두 이제는 알잖아. 대부분의 정신질환이 치료 가능하다는 걸. 하지만 문제를 덮어버리면 오히려 상황이 더 복잡해진다고. 치료를 받지 않으면 환자는 상황을 통제하기 위해서 더 끔찍한 대응 기제를 만들어 내. 내 대응 기제는 수년간 식욕이상항진증, 약물중독, 알코올중독이었지. 조금 힘들기는 해도 단순한 사춘기 강박 장애로 치료하고 끝났을 법한 증상은 결국 복잡한 정신 질환으로 발전했어. 결국 나뿐만 아니라 나를 사랑하는 모든 사람을 오래도록 불행하게 만들었지. 전적으로 예방 가능한 정신적 괴로움을 알기 때문에 나는 지금 이 일을 하는 거야. 정신 질환에 관해서 때로는 목이 터지도록 외치는 이유이기도 하고. 내 딸이 나와 똑같은 일을 겪어야 하는 세상에서 자라지 않길 간절히 바라거든. 정신 질환을 이상한 눈초리로 바라보는 세상, 그렇다 보니 정신 질환을 해결하기가 거의 불가능한 세상 말이야.

내가 하는 말을 잘 들어.

정신 질환은 치료가 불가능한 병이 절대 아니야, 힘든 순간에는 그렇게 느낄지 몰라도,

위와 아래가 모두 막혀서 나갈 구멍이 보이지 않아도 벗어날 길은 꼭 있어. 정말이야, 벗어날 구멍은 반드시 있어. 너를 위해 지금 이 책을 쓰고 있는 바로 내가 산 증인이거든.

지금 여기 앉아서 너를 위해 열심히 책을 쓰고 있는 이유는 내가 겪은 일을 너도 겪게 하고 싶지 않아서야. 정신 질환은 신체적 질병의 다수와 마찬가지로 피할 수 있는 경우가 꽤 많기도 해. 그리고 치료가 불가능한 병도 절대 아니야. 나는 정신 건강에 관한 강연을 할 때 정신 질환을 당뇨병에 비유하곤 해. 어떤 사람이 오늘 제2형 당뇨병 진단을 받았다고 치자. 그래서 약을 먹고 식단을 바꾸고 운동도 시작해. 이렇게 노력하면 그 환자는 꽤 오래 건강한 삶을 살고 덕분에 지금보다 몸도 가뿐해질 거야. 반대로 이런 노력을 전혀 하지 않는다면 어떻게 될까? 약도 먹지 않고 건강에 좋지 않은 음식만 먹고 소파에서 꿈쩍도 하지 않는다고 생각해봐. 이럴 경우 환자는 결국 발을 절단해야 할지도 몰라. 당뇨병을 치료하지 않으면 실제로 자주 생기는 일이거든. 정신 질환도 비슷한 결과를 초래한다고 생각하면 돼. 적시에 치료한다면 간혹 생기는 작은 문제 말고는 정상적인 삶을 살 거야. 치료하지 않으면 문제는 아주, 아주 심각해지고 말 거야.

정신 건강에 관해 캠페인을 벌이는 많은 활동가처럼 나 역시 어린 세대에게 정신이 건강해지려면 어떻게 해야 하는지 알려주는 것을 가장 중요하게 생각해. 예방이 치료보다 훨씬 낫거든. 그리고 정말 심각하게 나빠져서 치료하기 힘든 어른이 될 때까지 기다리는 것은 합리적인 방법도 아니야. 정신 질환의 50퍼센트는 환자가 열네 살이 되기 전에 나타나고 75퍼센트는 환자가 스물네 살이 되기 전에 드러난다는 사실은 이제 잘 알려진 정보잖아. 교도소에는 어린 시절에 필요한 도움을 제대로 받지 못한 사람들로 가득해. 게다가 정신 건강이 좋지 못한 사람들은 신체 건강도 나쁠 확률이 높고 실업률마저 높은 경우가 많아. 너를 겁주려고 이런 말을 하는 것은 아니야. 다만 정신 건강이 아주 중요하다는 사실을 네가 인지하고 지금부터라도 진지하게 생각했으면 하는 마음에 이런 말을 하는 거란다.

정신 건강 문제는 최근 들어서 생긴 문제가 아니야. 사람들은 아주 오래전부터 정신적인 문제를 겪어왔고 그것 때문에 죽기도 했어. 다만 대놓고 이야기할만한 분위기가 아니었을 뿐이지. 바로 이런 이유로 나는 '눈송이'라는 꼬리표를 참을 수가 없어. 바로 이런 이유로 나는 '눈송이'라는 말을 내뱉는 사람에게 '입 좀 다물고 잠깐이라도 다른 사람이 이야기하도록 내버려 둬!'라고 말하고 싶어. 그리고 바로 이런 이유 때문에 1974년 이후로 건강하게 감정을 표현한 적이 없는 늙은 꼰대들(정치인이나 우파 유명인사가 많지)이 나와서 자기는 불굴의 정신으로 잘 살아남았으니 감정 드러내기를 자제하라고 말할 때마다 나는 이렇게 소리 지르고 싶어.

'당신은 잘 살아남았겠죠. 하지만 졸업 후에 당신과 마주친 적이 없는, 학교에서 항상 조용하게 있던 반 친구는요? 아니면 술을 많이 마셔 일찍 세상을 떠나버린, 동네에서 함께 놀던 당신 친구는요? 당신은 불굴의 정신으로 잘 살았겠지만 다른 사람도 그렇다고 말하기는 힘들어요. 다른 사람의 감정을 짓누르려고 애쓰는 대신 당신도 당신 감정이 어떤지 알아내는 편이 훨씬 나을 거예요.'

나치가 점령해 영국의 젊은이들이 죽어 나가던 시절에는 그런 불굴의 정신이 가장 중요했을지도 몰라. 하지만 지금은 자살이 젊은이들을 죽이는 가장 큰 이유야. 그러니 다른 접근 방법이 필요하다고.

불굴의 정신 따위 집어치우라지.

불굴의 정신 따위 당장 집어치워. 이른바 '눈송이 세대'에게 감사해도 모자랄 판이야. 사람들이 젊은이들을 떠올렸을 때 생각나는 최악의 말이 고작 '민감한 세대'라면 솔직히 우리 세대, 안심해도 될 것 같지 않니?

머릿속에 있는 온갖 잡동사니 다루기

내가 너무 흥분했구나. 자, 이제 내 불만은 여기에서 끝내도록 할게. 정신 건강이 염려될 때 대체 어떻게 해야 할지 너도 궁금할 테니까.

왜냐하면 들고일어나서 목소리를 내는 것도 중요하고 좋지만 정신 건강 문제에 직접 맞서는 일은 또 다르거든.

알아, 네 마음. 내 말을 제발 믿어주렴, 나도 알고말고.

그리고 네가 이 장에서 무엇을 원하는지도 알아. 갑자기 모든 상황이 괜찮아지는 말을 내가 해주길 바라겠지. 당장 머릿속에 안개가 걷히고 어두운 생각이 밝아지는 실용적인 조언을 바라지 않니?

나도 그런 조언을 원했었기 때문에 네 마음 충분히 이해해.

절박할 때, 더 내려갈 곳이 없을 때, 가장 밝은 장면도 어두워 보일 때 … 너는 모든 게 나아지길 바랄 거야. 당연히 그렇지. 도대체 누가 아침에 일어나자마자 오늘을 살아야 한다는 중압감에 가슴이 짓눌리는 기분을 느끼고 싶겠니? 삶을 갈구해도 모자랄 판에 대체 누가 절망을 느끼고 싶으며, 평온함을 느껴야 할 공간에서 누가 공포심을 느끼고 싶겠냐고. 머릿속의 괴물이 나와서 활개를 치고 다니는 곳이 이불 속이라 할지언정 그 속에 숨어서 영원히 사라지고 싶을 만큼 처절하게 슬프고 싶은 사람은 세상에 없어.

아무도 그런 경험을 겪고 싶어 하지 않아. 하지만 때로는 말이야, 그런 일이 일어날 때도 있단다. 나를 매정한 사람처럼 생각하지 않았으면 좋겠어. 너도 내가 매정하지 않다는 사실을 잘 알잖니. 그저 네가 혼자라는 기분을 덜 느꼈으면 하는 마음에서 이야기하는 거야. 왜냐하면 정신이 아프게 되는 상황은 꽤 자주 생기거든. 한 해에 우리 중 4분의 1은 자기의 정신 건강에 문제가 있다고 느끼고 5분의 1은 자살 충동을 느껴. 네가 나빠서, 잘못해서, 별난 사람이라서 그런 생각이 드는 것이 아니야. 오히려 그 반대이기 때문이야. 지극히 정상적인 일이기도 하고. 물론 이상한 생각이 드는 순간에는 네가 비정상이라고 느낄 수는 있지. 하지만 진짜 비정상인 사람들은 자기가 24시간 내내 괜찮다고 말하는 사람들이야. 자, 그러니까 일단 이 말을 해 주고 싶어.

네가 이런 감정을 느끼는 이유는 네게 뇌가 있기 때문이야. 다른 모든 장기와 마찬가지로 뇌도 말썽을 부릴 때가 있거든.

나는 사람들이 정신 건강과 신체 건강을 따로 이야기하는 대신 그냥 건강이라는 하나의 단어를 쓰는 날이 오길 꿈꾼단다. 대체 뇌가 신체 일부가 아니라면 무엇이란 말이니? 어쨌든, 정신 문제가 오명을 벗어던지는 행복한 날이 올 때까지 나는 유용한 방법을 네게 알려주려고 해. 내가 정신적 문제를 겪으면서도 동시에 잘 사는 데 수년간 도움이 됐던 방법이야. 그게 가능하냐고? 가능해, 정말이야. 내가 '뿅'하고 갑자기 네 모든 문제를 해결해 주지는 못하겠지. 하지만 아주 사소해 보이는 쉬운 방법을 많이 말해 줄 수는 있어. 사소한 실천이 모여서 시간이 지나면 큰 변화를 만들어낼 거야. 그리고 네 손을 꼭 잡고 내가 곁에 있다고 말해 줄 수도 있어. 지금 당장은 그렇게 느끼지 않을지 몰라도 실은 많은 사람이 네 곁에 있다고도 말해줄 거야.

말하는 것만이 나아지는 길이야.

분명히 짚고 넘어갈게. 말하지 않고서 정신 질환이 조금이라도 나아진 사람은 아무도 없어. 문제를 말하는 것이 차도를 보는 가장 효과적인 방법이야. 머릿속에 있는 감정을 인정한다고 하루아침에 낫지는 않지. 내가 장담하는데 그렇게 빨리 치료되기는 힘들어. 하지만 말을 하는 순간 회복으로 가는 길에 들어선 거야. 이건 확실해.

세상에는 여러 가지 정신 질환이 참 많아. 강박 장애부터 우울증, 섭식 장애, 조현병까지. 하지만 모든 정신 질환은 보통 똑같이 작용해. 학대범과 다를 바 없기 때문에 침묵하는 문화에서 성행하거든. 침묵하는 문화에 있으면 머릿속의 목소리는 네게 거짓말하고 너를 고립시킬 거야. 이렇게 속삭이겠지. '너는 미친 사람이야, 너는 혼자야, 네가 겪는 문제를 이해하는 사람은 세상에 아무도 없어.' 하지만 이런 속삭임은 터무니없는 거짓말이야. 전혀 진실이 아니라고. 지금 당장 너희 주변만 둘러봐도 네 문제를 이해하는 사람이 있을 거야. 지금 너희 집 안에도 있을지 몰라. 나도 알아, 고립된 상태에서는 내가 하는 말이 완전히 우습게 들린다는 사실을. 하지만 너와 아주 가까운 곳에, 다른 누군가도 사무치게 외로워하며 고립해 있을 가능성이 아주 높단다.

우리 머릿속에서 활개 치는 생각을 입 밖으로 표출하는 것은 정신 질환 녀석이 틀렸다는 사실을 증명하는 가장 쉬운 방법이야.

감정을 소리 내어 말하거나 일기에 적기만 해도 우리는 병을 객관적으로 바라보게 돼. 정신 질환은 우리 인격을 저주하는 징벌이 아니라 그저 병일뿐이야. 그러니까 이야기를 잘 들어줄 만한 사람을 찾아서 네 감정을 말하는 편이 가장 좋은 방법이야. 물론 처음에는 어려워 보일지도 몰라. 그래서 네가 첫발을 딛기 쉽도록 책의 뒤편에 아주 믿을만한 문자 및 전화 서비스 목록을 잔뜩 실어 놨어. 내가 장담하는데 이 세상엔 너를 이해해 줄 사람이 분명히 있어. 그리고 이 세상 누구보다 내가 너를 이해하잖니.

너는 유난 떨고 있지 않아.

몇 년 전에 영국의 큰 축제에서 강연을 한 적이 있어. 평소처럼 우리는 마지막에 질문을 받으려고 20분 정도 시간을 줘. 정신 건강에 관해서 질문을 받자면 40분도 금방 지나갈 때가 많지만 말이야. 여하튼 그날 어떤 여자 질문자가 일어나서 열여섯 살짜리 딸에 관해서 이야기하는데, 딸이 우울증이 있다고 '우긴다'고 말하는 거야. 그 여자는 딸이 '그저 관심받고 싶어서' 그렇게 행동한다고 생각한 모양이지. 나는 어처구니가 없어서 이렇게 대답했어. "그럼 관심을 좀 주면 어떨까요?"

젊은 사람들의 감정을 '유난 떠는 것'으로 치부해버리는 어른들이 참 많아. '유난 떠는 것'을 잘못된 행동이라 말할 수도 없어. 유난 떨어서 누군가 네 이야기를 들어주고 너를 힘들게 하는 일에 신경을 덜 쓰도록 도와준다면 오히려 '유난 떠는 것'은 아주 좋은 전략이지.

도움이 필요한 사람들을 깎아내리는 또 다른 방법은 뭘까? 기분과 감정을 말하면 '자기만 생각하는 사람'으로 보는 사회적인 시선이야. 사실 그 반대와 가깝거든. 기분과 감정을 말하는 행동은 여러 면에서 타인을 더 많이 생각하는 행동이야.

네 머릿속에 있는 문제를 처리하고 나면 마음의 여유가 생겨서 다른 사람을 도와주게 되거든.

누군가 제멋대로 행동한다면 다른 사람들의 입을 다물게 하고 그들이 감정을 말하지 못하도록 막게 돼. 제멋대로 행동하는 사람이 남의 말 따위 들을 시간이 어디에 있겠어?

관심을 받고 싶어 하는 마음도 부정적인 현상이 아니야. 가족과 친구에게 도움을 청한다고 약한 모습을 보이는 것도 아니고. 오히려 강한 모습이지. 네가 문제를 해결하고 삶을 제대로 살아가고자 하는 마음이 있으니까, 회복할 가능성을 톡톡히 보여주는 증거잖아. 때때로 우리가 겪는 정신 질환은 우리 문제가 다른 사람의 관심을 끌 만한 가치조차 없다고 속삭일 거야. 우리가 겪는 문제는 '아무것도' 아니라고 말이지. 물론 어떤 문제는 정말 아무것도 아닐지도 몰라. 하지만 설령 아무것도 아닌 문제일지라도, 말없이 끙끙 앓으며 문제를 심각하게 만들 바에는 걱정을 털어놓고 별일 아니라는 걸 확인하는 편이 낫지 않니?

너를 침묵시키는 사람이 있다면 가만히 있지 마. 그게 너 자신이라 할지라도.

너를 괴롭히는 악마에게 이름을 붙여 봐.

조금 떨어진 곳에서 거리를 두고 네 머릿속을 바라보는 것도 정신 문제에서 벗어나는 아주 좋은 방법이야. 알아, 나도 잘 알지. 정신 질환의 가장 큰 문제가 바로 이것을 허락하지 않는다는 점이라 걸. 문제에 너를 집어 던져 놓고 빠져나오기 더 어렵게 하는 것이 정신 질환이니까. 그런데 살면서 내가 터득한 비결이 몇 개 있어. 이 방법들을 시도해보면 복잡한 머릿속에서 잠깐이라도 빠져나오는 데 도움이 될 거야. 그중 하나는 바로 너를 괴롭히는 문제에 이름을 붙이는 거야.

내가 겪은 강박 장애에 이름을 붙여보라던 심리상담사 선생님에게 배운 방법이야. 나는 어린이 영화《사라의 미로여행》에 나오는 등장인물의 이름을 따서 마왕 자레스라고 이름 붙였어. 이 역할은 데이비드 보위가 꽉 끼는 은색 바지를 입고 연기했는데, 내가 강박 장애에 어울리는 이름을 잘 고른 것 같아. 사악하지만 내 마음을 아주 뒤흔들어 놓았다는 점에서 자레스와 비슷했거든. 자레스가 내 마음을 끌어들이려고 할 때마다 나는 이렇게 명령했어. '자레스, 당장 꺼져!' 길을 걸을 때도 나는 허공에다 대고 소리를 질렀어. 물론 내가 미친 사람으로 보였겠지만 상관없었어. 이 방법을 써서 나는 조금이나마 제정신으로 돌아온 기분이 들었거든. 덕분에 나는 강박 장애를 정확하게 바라보게 되었어. 내가 어쩌다 겪게 된 끔찍하고 무서운 병이지만, 내게 잘못이 있어서 생긴 병은 아니었지.

내가 좋아하는 또 다른 방법은 뇌에 있는 연결선들이 약간 이상하게 꼬여있다고 생각하는 거야. 액션 영화에 나오는 주인공이 초록색 전선을 잘라서 폭탄을 제거하는 장면 많이 봤지? (늘 초록색 선이야. 빨간 선을 자르는 영화는 본 적이 없어.) 나는 내 뇌에 있는 선들이 완전히 엉켜있는 상상을 해. 빨간색 선이 있어야 할 자리에 초록색 선이 있고, 그렇게 마구잡이로 뒤엉켜 있는 거야. 그러면 결과적으로 생각이 이상하게 흘러갈 때도 있겠지. 그렇다고 내가 나쁜 사람은 아니잖아. 꽤 많은 사람이 그렇듯, 나도 원래 청사진과 조금 다르게 선들이 연결되어 있다는 것일 뿐이야. 그것 때문에 삶이 조금 더 힘들 때가 있는 거고.

이미 갖고 태어난 혈액형을
바꿀 수 없는 것처럼 뇌를 바꿀 수 없다면,
자기 자신을 조금 너그러운 마음으로 바라봐.

소셜 미디어를 조심해.

네가 겪는 일을 이해하는, 너와 비슷한 생각을 하는 사람들을 찾는데 소셜 미디어만 한 곳이 없지. 하지만 소셜 미디어는 아주 위험하기도 해. 너도 모르는 사이에 어두운 지하세계로 빨려 들어가기 쉬운 곳이거든. 안타깝게도 인스타그램에서 찾은 내용을 따라 해 자기 목숨을 앗아간 사람들이 있다는 보고가 있어. 그래서 그 기업은 노골적으로 자해나 자살하는 방법을 보여주는 모든 사진을 지우겠다고 발표했지. 이런 방법이 출발점이겠지만, 온라인에서 안전하게 너 자신을 지키는 다른 방법도 많아.

어떻게 해야 인터넷이 너를 잘 활용하는 것이 아니라, 네가 인터넷을 효과적으로 잘 활용할 수 있을까? 정말 돈을 주고도 못 사는 질문이지 않니? 내가 이 질문에 대답했다면 나는 지금 이 책을 내 침실에서 쓰고 있지 않았을 거야. 들어가서 옷을 고를 수 있는 큰 옷장, 우아한 욕실 여러 개, 영화관, 조명이 달린 춤추는 방(이 방이 아주 중요해), 실내와 실외 수영장이 모두 있는 거대한 궁궐 같은 집에서 서재도 따로 있는 넓은 작업

211

실에 앉아 이 책을 쓰고 있었겠지.

소셜 미디어의 바다에서 살아남기는 정말 쉽지 않아. 가짜도 많고 어두운 이야기도 많아. 정신 질환과 마찬가지로 소셜 미디어는 네게 거짓말도 많이 하지. 사람들은 좋지 않은 모습은 빼고 부풀린 모습만 보여주니까. 아무도 보지 않아도 될 징그럽고 끔찍한 사진도 많아. 거기다 온라인 폭력까지 더하면 끝이 없어.

하지만 너를 이해해줄 사람을 찾을 유일한 공간이 온라인이라고 생각된다면 어떻게 해야 할까? 인터넷이 생명줄처럼 생각된다면?

있잖아, 나는 네게 규칙이나 규율을 내려줄 마음은 없어. 난 네 엄마가 아니잖아. 네 친구로서 이런 이야기를 한다고 생각했으면 좋겠어. 그래서 말인데, 아주 개인적인 의견을 말해볼게. 기분이 정말 안 좋을 때는 소셜 미디어에서 멀어지는 편이 내 정신 건강에 좋다고 봐. 인터넷에 주로 있는 내용, 이를테면 쏟아져 나오는 재미 위주의 콘텐츠 또는 만화에나 나올 만큼 비정상적으로 보이는 여자들 때문만은 아니야. 컴퓨터를 보며 고개를 숙이는 것보다 밖을 향해 고개를 드는 편이 훨씬 나아서야.

최근에 나는 6일 동안 핸드폰을 잠가뒀어. 처음에는 정말 힘들었지. 화난 황소처럼 여기 쿵, 저기 쿵 난리가 났어. 인스타그램 스토리로 다른 사람들이 뭘 하고 사는지 보지 못하니까 삶이 끝나는 기분이었어. 그런데 희한한 생각이 떠올랐지! 인터넷 대신 진짜 세상에서 사람들이 뭘 하고 사는지 보기로 했어. 나도 알아, 절대 유행할만한 일은 아니지. 어쨌든, 처음 며칠은 내 안에서 화가 치밀어 오르는 듯했어. 그래서 겁도 났지. 그런데 시간이 지날수록 상쾌해지는 기분이 드는 거야. 심지어 새로 태어난 기분도 들었다니까. 그리고 나서 핸드폰을 다시 켜니까 도로 처음으로 돌아가더라. 그래도 최소한 시도는 해 봤으니까.

소셜 미디어를 완전히 끊으라는 이야기는 아니야. 너무 가혹하잖아. 그래도 네게 몇 가지 제안은 하고 싶어.

▶소셜 미디어에 접속하는 시간을 제한해 봐.

▶책을 읽어. 뭐, 엄밀히 말하자면 너는 지금 책을 읽고 있으니까 내가 이미 잘 하고 있는 사람을 가르치는 셈이구나. 아무튼 내 요점은 이해했지?

▶소셜 미디어를 멀리하는 시간을 정기적으로 정해봐.

▶할 수 있다면 저녁 시간까지 소셜 미디어를 확인하지 않도록 노력해봐.

▶가능하면 핸드폰을 집에 두고 산책하러 나가.

사실 내가 네게 이런 조언을 일일이 할 필요도 없어. 너도 어차피 다 알고 있으니까.

그래도 소셜 미디어에 관해서 내가 가장 좋아하는 조언만큼은 주고 싶어. 전반적인 삶에 관해 내가 주로 하는 조언과 똑같은 말이긴 하지만 말이야. 만약 네가 꺼림칙하다고 느끼는 것이 있다면, 네 가슴 속 깊이 있는 아주 똑똑하고 총명한 네 직감이 이상하게 느끼는 무언가가 있다면, 당장 꺼버려. 당장 끄고 숨을 깊이 들이마셔. 그리고 괜찮다면 다른 사람에게 이야기하는 것도 좋아.

너는 늘 행복한 감정만 느끼는 사람이 아니라는 사실을 기억하렴.
행복은 좋은 거야. 행복은 아주 대단한 감정이지. 행복은 … 그냥, 행복이야. 어릴 때 우리는 행복의 중요성에 관해 지겹도록 배웠지만 아무도 슬픔에 관해서는 알려주지 않았어. 이것 때문에 심각한 문제가 생기기 십상이야. 왜냐하면 슬픔도 우리 모두 살아가면서 언젠가는 느낄 정당한 감정이기 때문이지. 얼마 전까지만 해도 나는 슬픔이 정말 두려웠어. 슬픔을 피하기 위해선 무엇이든 했어. 그러고 나서 나는 슬픔을 느껴도 괜찮다는 걸 깨달았어. 당연히 기분이 좋지는 않지. 하지만 그저 피하기보다는 도리어 슬픔의 감정을 실제로 경험하면 그 상황을 훨씬 빨리 극복할 수 있을 거야. 뇌는 네가 느껴야 하는 감정을 언젠가는 모두 느끼도록 명령할 거야. … 그러니 한꺼번에 폭발해서 너 자신도 감당하기 힘든 순간까지 미루지 말고, 차라리 그때그때 후딱 해치우는 편이 나을 거야. 슬픔을 받아들이면 행복해지기도 훨씬 쉬워진단다.

우리는 영화 〈어벤져스〉에 사는 사람들이 아니야(얼마나 다행이니).

지금 아마 이런 생각할 거야. '스칼릿 조핸슨과 크리스 헴스워스가 출연하는 마블 영화가 이런 주제와 대체 어떤 연관이 있단 말이야? 이 여자가 정말 제정신인가?' 잠깐만 기다려줘. 내가 설명할 테니까.

어른이 될 무렵, 정신 질환을 겪으며 고통스러운 나날을 보냈었어. 그때 내가 나쁜 사람이라서 정신 질환을 겪는다고 생각하곤 했어. 나는 못됐고, 나쁘고, 최악이지만 나를 제외한 모두는 착하고 좋은 사람 같았어. 자라면서 착한 아이로 살아야 한다는 생각이 너무 깊숙이 박힌 나머지 조금이라도 그 기준에서 벗어나는 순간 내가 나쁜 악당이라고 느끼게 됐거든.

한 가지 짚고 넘어가자. 세상은 선인과 악인으로 이루어져 있지 않아. 우리는 마블 영화 같은 세상에 살지 않는다고(나도 〈가이언즈 오브 갤럭시〉에 나오는 영웅으로 살면 참 좋을 텐데, 아쉬워). 이제는 내가 나쁜 사람이 아니란 걸 알아 … 나는 그냥 아픈 사람일 뿐이었어. 아팠기 때문에 나쁜 일을 할 때도 있었지. 삶은 이분법적으로 나눌 수 없어. 흑과 백으로 가를 수 없다는 거야. 너처럼 삶은 아주 다양한 색깔로 채워져 있어서 한두 가지 색으로만 묘사하려고 한다면 전체를 완전히 무시하게 돼. 그러니까 다시 말하지만 삶은 마블 영화에 나오는 세상이 아니야. 하지만 네가 정신 건강 문제와 싸울 수 있다면 내가 보기에 너는 이미 슈퍼히어로나 마찬가지야.

너를 깎아내리는 말은 하지 마.

이 내용은 너무 중요해서 모두 진한 글씨로 쓸 거야. 네 눈에 확 띄기 바라거든. 너 자신에게 친절하렴. 너 자신을 이해해줘. 아주 귀여운 강아지를 대하는 것처럼 너 자신을 대해봐. 그렇다고 강아지 사료까지 먹지는 말고. 다른 사람에게 친절한 만큼 너 자신에게 친절하지 않다면, 내면의 대화를 바꿀 필요가 있어. 네가 자신을 나쁘게 이야기하고 나면 다른 사람이 너를 나쁘게 말하지 못할 거라는 생각이 들 때가 있지. 나도 이해해. 하지만 너보다 더 중요한 사람은 아무도 없어. 네게는 너 자신이 최우선이고 앞으로도 항상 그래야 해. 그러니까 너 자신이 따라 하고 싶은 가장 멋진 사람으로 너를 대우하는 편이 나을 거야. 내면의 나쁜 속삭임을 〈아기 상어〉 노래 같이 자꾸 반복해서 듣는다면 … 〈아기 상어〉 노래가 환청으로 들린다고? 알았어, 그 노래 이야기는 두 번 다시 안 할게. 하여튼 안 그래도 기분이 안 좋은데 자책하는 행동은 상황을 더 힘들게 만들 뿐이야. 그런 짓은 하지 마. 너 자신을 잘 보살펴줘. 너는 참 소중한 사람이거든. 너는 좋은 대접을 받을 가치가 있어. 지금 당장 시작해봐. 그러면 내가 더는 진한 글씨로 강조하지 않아도 될 테니까!

약물을 복용한다고 부끄러워할 필요가 전혀 없어 …
하지만 약물만이 답은 아니야.

나는 항우울제를 복용해. 17살 때부터 지금까지 복용하다 말다 하고 있지. 약물의 효과를 봤지만 그렇다고 오로지 약물 때문에 괜찮은 건 아니라고 꼭 말하고 싶어. 의사, 심리상담사와 함께 가능한 선택권을 두루 살펴보는 것이 아주, 아주 중요해. 나도 현실은 잘 알아. 영국에는 어린이 정신 건강을 위한 서비스가 턱없이 부족한 데다, 부모님이 너 때문에 심각하게 정신적 고통을 겪지 않은 상태라면 정부 시설의 도움을 받기도 불가능하게 보이지. 나도 정신 건강을 외치는 활동가들과 이런 문제를 해결하려고 노력하고 있단다. 하지만 이 책이 정치 성명서도 아니고 너도 그걸 원하지는 않을 테니까 일단 이쯤에서 그만할게. 어쨌든 적절한 도움만 받으면 이 문제를 풀 수 있다고 알려주고 싶구나.

영마인즈Young Minds, 플레이스투비Place2Be, 더믹스The Mix와 같은 단체들은 현실적인 도움을 제공한다는 점에서 정말 훌륭한 일을 하고 있어. 그리고 내가 설립한 멘탈헬스메이츠Mental Health Mates처럼 서로 지지해주기 위해 만들어진 단체도 아주 많아. 네가 정말 위험하다고 느낄 때는 주변의 응급실로 가서 의사와 간호사의 도움을 꼭 받아봐.

가장 기본적인 실천사항 중에 간단한 몇 가지라도 한번 해보렴….

● 충분히 쉬기.

● 될 수 있는 대로 건강한 음식 먹기.

● 기름진 음식, 설탕을 잔뜩 넣은 음식, 탄산음료 줄이기(가능하다면). 따분하고 기본적인 이야기라는 건 알지만 정말 도움이 된단다.

● 운동하도록 노력하기(가능하다면). 달리기가 아니어도 돼. 일어나서 스트레칭하기 또는 동네 공원에 걸어갔다 오기도 괜찮아.

● 하루 전체를 또 어떻게 보낼지 걱정하지 않기. 가능하다면 당장 눈앞에 있는 한 시간씩만 잘게 쪼개서 생각하자고.

아무것도 할 수 없다는 기분이 들 때 이런 작은 일들을 해나가면 통제력을 조금씩 되찾고 있다고 느끼게 될 거야. 너는 혼자가 아니야. 정말이야. 책 뒤편에 있는 단체들의 정보를 꼼꼼히 읽어보고 전화도 해봐. 네가혼자가 아니라는 사실을 깨닫도록 힘써 도와줄 거야.

네가 당당하게 말하면 다른 사람에게도 도움이 된다는
사실을 기억하렴.

사람들이 너희 세대를 돌아볼 때 시대의 선구자로, 혁명가로 너를 보게 될 거야. 정신 질환은 최근에 생긴 병이 아니야. 하지만 정신 질환을 공개적으로 이야기를 하는 것은 새로운 현상이지. 그리고 네가 당당히 이야기함으로써 많은 문제의 원인이 정신 질환 때문이라고 밝힌 거지. 힘 있는 사람과 정부에 너희 세대는(바로 너희!) 이런 일을 더는 경시하지 않겠다고 알리는 셈이기도 하고. 정신을 바짝 차리고 사람들을 도와주지 않을 바에는 떠나라고 말해야 해. 너는 다른 사람을 돕도록 기초 공사를 하는 중이야. 그러니까 친구들과 이런 주제에 관해서 이야기할 때 부끄러워하지 말고 자랑스럽게 여겨도 돼. 미래 세대의 아이들이 쉽게 치료받을 수 있도록 도와주는 일이니까. 그들도, 너도 당당히 받을 권리가 있는 치료 말이야.

이걸 기억해.
너는 눈송이처럼 아름답고 복잡하고 멋지단다.

하지만 눈송이처럼 연약하고
금방 없어지는 존재는 아니야.

　너는 세상을 바꾸고 있어. 네 머릿속의 문제를 인지하는 것만으로 다가올 미래를 밝힐 큰 변화를 만들어 낸 거야. 그러니 머릿속의 목소리가 거짓을 속삭이거나 나이만 먹은 고리타분한 인간이 네 입을 막으려고 하거든 이걸 기억해. 당당하게 이야기하는 덕분에 이른바 눈송이 세대가 생명을 살린다는 사실을. 그리고 수십 년간 침묵하면서 고통받으며 살아온 나 같은 사람에게 그런 모습은 입을 다물지 못할 정도로 대단한 일이야. 정말 고맙다. 내 온 마음을 다해, 때때로 아픈 머리를 가진 이 온몸을 다해 감사의 말을 전하고 싶어.

아홉 째

너만의
뮤직비디오를
만들어 봐!

나는 다른 사람의 관심을 끌고 싶었어

　십 대 시절 나는 이런 상상을 하곤 했어. 노래를 들으면서 내가 그 노래의 뮤직비디오에 출현하는 모습을 떠올리는 거야. 지금 생각해도 부끄러워서 얼굴이 화끈 달아오르는구나.

　보통은 미소년 밴드 또는 관능적이고 잘생긴 가수가 부르는 노래를 들을 때였어. 거기다 아주 매력적인 여자가 나오는 사랑 노래였지. 나는 그 여자가 나라고 항상 상상했어. 왜냐하면, 글쎄, 일상에서 아주 흥미로운 일이 일어나는 것도 아닌데, 안 될 게 뭐야? 1절, 간주, 후렴구가 나오면서 영상은 멀리서 아련하게 바라보는 로비 윌리엄스와 나를 번갈아가며 비춰줘(대개는 화려하고 신비한 바닷가를 거니는 영상인데, 나는 구릿빛 피부에 멋스럽게 헝클어진 머리를 하고 있지). 나는 정확한 대상 없이 먼 곳을 바라봐.

뮤직비디오에 나오는 여자들처럼 그윽하고 섹시한 자태로 말이야. 그러고 나서 노래의 절정에 이르면 로비 윌리엄스가 모래 언덕을 가로지르며 달려와 나와 사랑에 빠지고 내 친구들이 난데없이 마술같이 나타나서 부러워 죽겠다는 눈으로 그 모습을 구경하는 거지. 그리고 언제 외웠는지는 몰라도 모두 똑같은 안무를 시작하는 거야.

나는 이런 드라마틱한 절정을 상상하는 낙으로 살았어.

친구야, 그때는 지루한 일상을 마법 같은 삶으로 바꾸기 위해서 별별 상상을 다 했단다. 생각해보니까 평범한 일상을 마법으로 바꾸기 위해서 지금도 이런 생각을 할 때가 종종 있어. 창피를 당하려고 이런 이야기를 털어놓는 건 아니야. 너도 알겠지만 나에 관한 창피한 이야기는 앞에서도 지겹도록 했잖니. 내가 그런 상상을 한(지금도 때때로 하는) 이유는 말이지, 오로지 흥미진진한 상상 자체가 나를 흥분하게 했다는 사실을 네게 꼭 알려주기 위해서야. 드라마틱한 사건, 혼란, 열정, 모험, 끝없는 액션, 롤러코스터처럼 오르락내리락하는 감정, 이런 것들.

나는 방에 틀어박혀서 내 삶에는 그런 흥미진진한 일이 전혀 없다는 사실을 애써 무시하려 했어. 숙제를 중심으로 돌아가는 일상, 립스틱과 매니큐어를 사기 위해 생활비(용돈보다 훨씬 어른스러운 단어지)를 있는 대로 긁어모으는 일이 전부였거든. 나는 삶이 뮤직비디오의 연속이길 바랐어. 학교에서 가끔 보여주는, 영양소 섭취와 올바른 수면의 중요성(벌써 졸리 네)에 관한 지루한 공중 보건 방송 같은 삶은 싫었거든. 내 삶에 영화 같은 절정이 끝없이 펼쳐지고 내가 그 안에 등장하는 아주 멋진 여자주인 공이었으면 했지. 세상을 구하고 그 와중에도 지나가는 개미 한 마리의 눈길마저 사로잡는 그런 여자 있잖아. 그러기 위해서는 드라마 같은 요소가 꼭 필요하다는 생각이 들었어. 음, 드라마틱한 사건과 소문이 좋겠다. 내가 얼마나 멋진지 이야기하며 칭송하는 소문 말이야. (그런데 그거 아니? 소문은 좋은 이야기가 별로 없단다!) 다음으로는 내가 해결할만한 꼬이고 꼬인 아침드라마 같은 줄거리가 있어야 해. 그래야 멋진 주인공이 될 수 있으니까. 못된 여자애들과 남자애들도 몇 명 있어야 할 거야. 씩씩한 친구와 뜻밖의 연인도 나타나서 내가 못된 애들을 이길 수 있게 도와줘야 하고. 또 필요한 장치를 쭉 말해볼까? 눈물 흘리기, 소리 지르며 싸우기, 오랫동안 특정 등장인물과 말하지 않기, 눈물 콧물 더 흘리기, 소리 지르며 더 싸우기, 불꽃놀이 엔딩, 등등.

하지만 소원을 빌기 전에 신중하게 잘 생각해 봤어야 했어.

나이를 한 살 두 살 먹으면서 보니까 삶은 긴 드라마 한 편이 참말로 되어버렸어. 그런데 내가 상상한 모습처럼 화려하지 않았어. 현실은 환상과 꽤 다르다고 해야 할까? 필터도 없던 시절에 핸드폰으로 뒤뜰에서 찍은 뮤직비디오와 비스름하긴 했지. 조금 웃기긴 해도 상품 가치가 전혀 없는 그런 뮤직비디오가 바로 내 삶이었지. 눈물은 많이 흘렸어. 못된 여자애들도 많았지. 그런데 지금 와서 생각해보니까 그 애들의 못된 성격도 내 상상 속에서 부풀려진 것 같아. 그 애의 외모가 마음에 들지 않았거나, 그 애가 입을 뿌루퉁하게 내밀고 있었을 뿐인데 내가 너무 예민하게 받아들인 거지. 나는 모든 일을 예민하게 받아들이는 아이였거든. 못된 남자애들도 참 많았지. 정말 못됐게 행동해서 내 마음을 아프게 하는 남자애들도 있었고. 씩씩한 친구들도 다양하게 많았어. 하지만 내 승리를 위해 도와주는 방법은 내 상상과 달랐어. 비타민 보충제와 브로콜리를 먹으라고 말해주거나 일주일에 며칠은 저녁에 놀지 말고 집에서 푹 쉬라고 걱정해주는 식이었지. 예상치 못한 연인은 등장했냐고? 음, 뮤직비디오가 끝나갈 무렵, 출연진과 제작자 이름이 올라갈 때쯤에야 겨우 나타났어.

회차마다 줄거리가 다르게 전개되는 드라마가 있잖아. 이를테면 시즌 1에서 여자 주인공은 어렵게 돈을 구해서 집세를 낼 수 있을까? 여자 주인공이 몇 달간 열심히 준비해 온 회사의 큰 프로젝트 서류를 제때 제출할 수 있을까? 마감 직전에 친구들과 노는 바람에 망치지는 않겠지? 시즌 2에서 우리의 여자 주인공은 여자친구 대접을 제대로 안 해주는 잘생겼지만 재수 없는 나쁜 자식을 용감하게 떠날 수 있을까? 주인공은 한 번이라도 시간 약속을 제대로 지킬 수 있을까? 정신을 바짝 차려서 부모님께 더는 손 벌리지 않을 수 있을까? 이런 게 삶인 것 같아.

어릴 때 나는 사람들을 즐겁게 해주기 위해 무언가를 해야 한다고 생각했었어. 정신 질환이라는 과거사 때문에 실패자가 될 운명이라면, 정말 그렇다면 차라리 실패자가 되면서 사람들을 웃게 해주는 편이 낫겠다 싶었어. 그래서 내 슬픈 이야기를 가지고 다른 사람을 웃게 하는 데 사용해야겠다고 생각했어. 그런 행동을 하지 않아도 된다는 사실을 전혀 몰랐지. 왜냐하면 내 불행을 우스꽝스러운 이야기로 만드는 데 힘을 쏟지 않아도 사람들이 나와 친구가 되었을 테니까. 늘 나 자신을 무자비하게 깎아내리지 않았다면 나와 더 어울려 다니고 싶어 했을지도 모르지. 하지만 지나간 일이니까 잊어버려야겠다. 내가 지금 노력하는 부분이 지나간 잘못 잊어버리기거든. 아무튼 하고 싶은 말은 이거야. 나는 사람들의 관심을 끌기 위해서 조금 호들갑을 떨어야 한다고 생각했어. 장난스럽고 웃기고 '재미있는' 사람이 되지 않으면 모든 사람의 눈에서 사라질 거라고 생각했거든. '재미있는' 사람이 되려고 너무 필사적으로 노력하면 오히려 주변 사람들이 부담을 느껴서 사라질지도 모른다고 말해주는 사람이 없었어. 그리고 재미있는 사람과 행복한 사람은 아주, 아주 다르다고 말해주는 사람도 없었고.

말해주는 사람이 있었을 지도 모르겠다. 하지만 음악을 들으며 내가 등장하는 뮤직비디오를 상상하느라 여념이 없었을 거야.

네가 매력적인 이유

너이기 때문에 매력적이야.

사람들이 관심 가질 만한 이야깃거리가 있어서가 아니야.

너이기 때문에 매력적이야.

너, 너, 바로 너 말이야.

별난 남자친구가 있다고 해서 네가 흥미로운 사람은 아니야.

별난 여자친구가 있다고 해서도 아니야.

술을 마시고 센 척한다고 해서 네가 매력적인 사람은 아니야. 사실 그 반대야. 완전히 취한 사람과 이야기하는 것만큼 지겨운 일이 없단다.

담배를 피운다고 해서 네가 매력적인 사람도 아니야. 몸에 담배 냄새가 배고 건강을 망칠 뿐이거든.

말로 너를 못 당한다고 해서 네가 흥미로운 사람은 아니야.

싸운 사람과 이야기하지 않는 방식으로 본때를 보여준다고 네가 흥미로운 사람은 아니야.

남 험담하기? 맞아, 잘 알고 있구나. 험담한다고 흥미를 끌지는 못해.

다른 사람의 비밀이나 흘리고 다니는 사람이 될 뿐이야. 이런 짓은 대체 누가 못하겠니.

너한테 일어난 나쁜 일에 제대로 맞서서 처리하지 않고 드라마 줄거리라도 되는 양 말하고 다니는 것도 좋지 않아. 그런다고 흥미로운 사람이 되진 못해.

네가 그렇다면 오히려 안타까운 마음에 이 책에서 튀어 나가서 너를 꼭 안아주고 싶구나.

때로는 아주 재미있을지 몰라도, 규칙을 어긴다고 해서 네가 매력적인 사람은 아니야. 학교 공부에 무관심하다고 해서 네가 매력적인 사람은 아니고. 오히려 자기 파괴적인 행동일 수도 있어(이 녀석아, 다 이유가 있어서 학교에 가는 거야. 하루에 몇 시간이라도 부모님을 귀찮게 하지 않으려고 가는 곳이 아니라고).

옷이나 화장이 너를 매력적인 사람으로 만드는 건 아니야. 머리 스타일도 아니고. 그런 치장은 네 성격을 표현하는 귀여운 방법일 뿐이지 네인격 자체는 아니야. 그리고 네 인격은 … 그래, 인격이야말로 너를 매력적인 사람으로 만들어 주는 요소지.

너. 있는 그대로의 네가 바로 매력적인 사람이야.

네 고유한 의견, 네가 세상을 바라보는 방법,
네가 정말 매력을 느끼는 것들,
바로 이런 것들이
너를 정말 매력적으로 만드는 요소란다.

세상 사람에게 관심을 가지는 행동이 너를 매력적인 사람으로 만들어. 아니, 사실을 말하자면 꼭 매력적인 사람이 될 필요는 없어. 네가 다른 사람에게 매력을 빚진 건 아니니까. 너는 사람들이 한 달에 만 이천 원을 내고 구독하는 영화 웹사이트나 걸어 다니면서 이야기하는 유튜브 채널처럼 항상 흥미로울 필요는 없어. 너는 기분이 아주 좋을 때도 가라앉을 때도 있는, 대부분은 그 중간 어디쯤 있는 한 사람이야. 자기가 매력적인지 아닌지 고민할 필요 없이, 때로는 다른 사람들과 함께 있고 때로는 혼자 있어야 하는 사람이라고.

당연히 너는 매력적이야. 너는 너니까.

지루함을 대하는 멋진 방법

간혹 지루할 때가 있지? 좋아. 혼란의 시기를 겪고 보니 나는 지루함이 그렇게 나쁜 일은 아니라는 걸 깨달았어. 지루함은 무슨 일이 있어도 피해야 하고 두려워해야 할 대상이 아니란다. 사실 꼭 필요할 때도 종종 있어. 지루함에서 마법 같은 일이 생기거든. 영감이 번뜩 들기도 하고 말이야. 뇌가 차분히 진정하고 꼭 필요한 휴식을 누리는 시간이 지루함이야. 그래야 뇌가 아주 흥미로운 일을 가지고 네게 돌아올 수 있지. 다양하고 만족스러운 삶을 살고 싶으면 때로는 지루함을 느끼는 것이 정답이란다.

자, 지금까지 한 이야기를 머리에 넣었다면 이제 지루함을 어떻게 멋지게 만드는지 알려줄게.

스카이다이빙을 즐기면서도 저축할 수 있어.

분별 있는 행동을 한다고 해서 네가 따분한 사람은 아니야. 뭔가 옳지 않다는 생각이 들어서 친구들의 장단에 놀아나지 않는다고 네가 지루한 사람도 아니야. 내가 보기에 너는 원하는 것을 분명하게 아는 사람이니까 정말 끝내주게 멋진 사람이야. 분별 있는 사람은 항상 위험부담을 감수해야 해. 다른 사람들이 너를 '제외'할지도 모르니까. 왜냐하면 너는 분위기에 휩쓸리지 않고 네 입장을 지키기 때문이야. 분별력과 지루함은 전혀 같지 않아. 분별력은 네게 진정으로 흥미로운 일, 동기를 부여하는 일을 잘 파악하는 거니까. 상황을 잘 살펴보고 모든 것이 괜찮은지 확인하고 본격적으로 뛰어드는 것이 분별력이지. 분별력은 네 마음을 잘 파악하고 그걸 따르는 거야.

**가끔은 분별 있게 대처하는 것만큼
용기 있는 행동이 없단다.
사실 대부분의 경우에도 그래.**

**삶의 기본적인 기술을 중요하게 생각하는 것은
결국 너 자신을 중요하게 생각하는 거야.**

돈을 관리하거나 요리하는 법을 배우는 모습은 뮤직비디오에 나오는 장면은 아니지. 뮤직비디오에서 머라이어 캐리가 몸을 비비 꼬면서 스파게티를 만들고 집안일을 하진 않잖아. 그런 일은 섹시하지도 신나지도 않으니까. 그래서 지금은 시간 낭비처럼 보일지 모르겠지만, 일단 배워두면 네 삶에 가치를 더해줄 중요한 기술이란다. 너 자신을 위해서 요리를 할 수 있다는 것은 정말 건강한 일이야. 돈을 모으거나 돈을 모으려고 계획함으로써 매번 돈 걱정을 하지 않아도 되면 네게 힘이 될 거야. 자립하도록 배운 일은 내가 나를 위해 한 일 중에 가장 대단하고 멋진 행동이었어. 다른 사람에게 의지하지 않아도 되니 세상을 접수하고 싶을 정도로 내가 강하고 능력 있는 사람이 된 것 같았어. 덤으로 따라오는 것도 있는데 뭔 줄 아니? 삶에서 분별 있게 행동하면 도리어 재미있는 일을 더 할 수 있는 시간이 생기기도 해.

미루는 습관을 들이면 나중에 더 많은 시간을 잡아먹게 돼.

다잡고 앉아서 이 책을 실제로 쓰는 대신 걱정하느라 시간을 낭비한 나를 한번 보렴. 숙제와 할 일은 지금 당장 해. 하고 끝내버리라고. 그러면 네가 정말 즐기는 일을 할 수 있으니까.

혼자 있는 공간을 소중히 여기렴.

맙소사, 나 방금 '혼자 있는 공간을 소중히 여기렴.'이라고 적었니? 이 책이 설마 자기계발서가 되어 버린 걸까? 정말 자기계발서가 된 것 같다, 그렇지? 미안, 사과할게. 하지만 '혼자 있는 공간을 소중히 여기렴.'이라는 말은 사실 '네 방을 잘 지켜야 한다.'라는 뜻이야. 네 방은 세상에서 가장 중요해. 왜냐하면 이 세상에서 다른 사람이 네 허락을 받지 않고서 들어오지 못하는 너만의 유일한 공간이기 때문이지. 이 공간에서 너는 무엇이든(상식선에서) 할 자격이 있고, 무엇이든 할 수 있어야 해.

물론 나는 곤도 마리에(일본의 정리 전문가 - 옮긴이)가 아니야. 우리 엄마는 새로운 생명체가 나타나서 엄마를 잡아먹을까 봐 내 방에 들어오기조차 무서워했지. 지금도 내 방은 엉망과 아수라장으로 흘러갈 때가 많아(아마 이런 폭로에 놀라는 사람은 아무도 없을 테지?). 하지만 정리 정돈을 잘해놓고(잘은 아니지만 어느 정도), 내가 사는 공간을 뿌듯하게 바라볼 수 있을때, 최소한 더 창의적인 방법으로 일할 자유로움이 생긴다는 사실을 알게 됐어. 나는 주변이 깔끔할 때 머릿속에 있는 것에 집중할 수 있거든.

네 방은 네 거야. 진정한 네 모습으로 있을 수 있는 공간이고. 그러니소중히 여기고 아껴주렴. 그럼 그 덕분에 네 삶도 더 나아갈 거야. 장담할게.

어른이 되더라도 너 자신을 아주 어린아이처럼 대하는 걸 잊지 마.

너 자신을 잘 지켜줘. 아침, 점심, 저녁 잘 챙겨 먹어. 물도 많이 마시고. 밤에 잠도 푹 자. 몸무게를 줄이려고 운동하지 말고 너를 성장하게하는 운동을 해. 잠깐이라도 밖에 나가서 신선한 공기를 마셔. 우리가 진짜 아기는 아닐지 몰라도, 스스로 아기처럼 보살피는 것을 잊어서는 안돼.

너는 다른 사람의 즐거움을 위해서 있는 서커스단 원숭이가 아니야.

너한테 가장 중요한 것은 다른 사람의 행복이 아니라 네 행복이야. 물론 돌아다니면서 고의로 다른 사람을 불행하게 하는 것은 좋은 행동이 아니지. 하지만 항상 다른 사람을 웃게 만들어야 할 의무가 전혀 없어. 더군다나 너를 희생해야 한다면 말이야.

목소리가 커도 괜찮아. 조용해도 괜찮아. 둘 다여도 괜찮아.

내가 이런저런 문제에 관해서 목소리를 내는 걸 좋아한다는 사실은 너도 잘 알 거야. 하지만 네가 항상 그럴 기분이 아니라는 건 나도 잘 안단다. 그래도 괜찮아. 혼자서 잠시 묵혀 두면서 생각하고 싶다고 해도 다른 사람을 실망하게 하지는 않을 거야. 너는 조용히 생각할 권리가 있어. 그런다고 해서 변덕스럽거나 뚱한 것이 아니야. 너는 해야 할 일을 하는 것뿐이라고!

삶은 〈리버데일〉(미국의 청춘 드라마 − 옮긴이)도 아니고 너도 그걸 원치 않을 거야. 끝없이 사건이 벌어지면 정말 피곤하겠지. 할 수 있다면 야단스러운 사건은 웬만하면 피하고, 그런 것은 넷플릭스의 드라마와 영화에서나 구경하도록 해. 그렇다고 너를 화나게 만들거나 네게 올바른 행동을 하지 않은 친구와의 어색한 대화까지 피하라는 말은 아니야. 그 자리를 박차고 떠나면서 구경거리를 만들라는 이야기도 아니고. 할 말은 건설적으로 침착하게 해. 그래야 너도, 상대방도 얼른 자기 할 일을 하러 돌아갈 수 있으니까 … 그러니까 〈리버데일〉을 보는 것처럼 말이지. (내가 본다는 말은 아니야. 그래, 사실은 나 〈리버데일〉 본다! 가끔 볼 때가 있다는 거야. 아주 가끔. 음, 매주 새로운 에피소드가 나올 때만 보는 거야.)

남의 가방을 대하듯이 다른 사람의 일이나 소문을 대하렴. 가까이 가지 마. 잠가달라고 부탁받았을 때를 제외하고는 다가가지 마. 나는 험담을 시작한 사람이 내가 아닌 상황이라면 괜찮다고 생각했었어. 하지만 괜찮지 않았지. 나도 공모자였어. 소문이 새어나가도록 내버려 둔 거니까. 험담의 주인공이 누구든 그 사람은 결국 상처받았을 거야. 기억해. 네가 다른 사람의 일에 빨려 들어가야 한다고 적힌 법은 아무 데도 없어. 누군가가 마음의 짐을 덜기 위해서 네게 이야기를 털어놓고 네 어깨에 기대어 울고 싶어 한다면, 그런 상황은 괜찮아. 하지만 너도 같이 끌어내리려고 한다면 그건 허락해선 안 돼.

FOMO(Fear of Missing Out, 다른 사람은 모두 하는 일에 자기만 기회를 놓칠까 봐 또는 소외될까 봐 불안해하는 심리 – 옮긴이)**에 빠지지 마.**

사람은 소외될까 봐 두려워해. 모든 사람이 그래. 나도 그렇고. 너도 그렇지. 저기 있는 저 사람도 그래. 저쪽에서 나를 제외한 다른 모든 사람이 더 잘 하고 있으리라 생각하는 현상은 인간의 본성이야. 그렇지만 다른 사람이라고 해서 더 잘하고 있지는 않아. 오히려 그들은 네가 뭘 하는지 궁금해해.

재미있는 점은 말이야, 소외될까 봐, 놓칠까 봐 두려워하는 그 마음 때문에 결국 놓치기 쉽다는 사실이야. 저쪽에서 뭘 하는지 보느라 바빠서 정작 네 앞에 놓여 있는 것을 제대로 보지 못하기 때문에 결국 놓치게 된다고. 저기서 무엇을 하는지 알 게 뭐야? 알 필요도 없어. 정말로, 진정 중요하지 않아. 너와 전혀 상관없는 일인 걸. 이해는 해. 파티에 초대받지 못해서 속상한 마음. 하지만 다른 파티, 더 나은 파티도 있어. 좋아하는 사람들로 가득해서 누가 너를 싫어할까 봐(싫어하지 않아. 그 사람들이 그냥 멍청할 뿐이야) 걱정할 필요가 없는 파티 말이야. 이렇게 보면 어떨까. 너는 아무것도 놓치지 않았어, … 사람들이 너를 놓친 거지. 그 사람들 손해야. 자, 이제 가서 네가 얻은 이득에 집중해 봐.

온갖 호들갑스러운 사건은 네 머릿속에서만 일어날 때가 많아. 아니, 대부분 그래. 그 사건을 내가 무시하려는 의도는 아니야. 너만 느끼는 감정이라고 해도 중요하니까. 하지만 이걸 잘 기억해. 너와 같은 반, 같은 학교에 있는 모든 친구 각각의 머릿속에는 완전히 다른 일이 펼쳐지고 있다는 사실을. 너는 어떤 친구가 너를 무시했다고 생각하겠지만 그 친구는 자기 생각에 잠겨서 너를 보지도 못했을 확률이 아주 크다고. 모든 사람은 자기만의 뮤직비디오가 머릿속에서 계속 돌아가고 있을 거야. 네가 다른 사람의 뮤직비디오를 그만 생각한다면 너만의 뮤직비디오가 완벽하게 펼쳐질 거야.

관대해지렴.

특히 너 자신에게.

그러면 네가 꿈꾸는 최고의 장면을 넘어선 영화 같은 절정을 경험하게 될 거야. 지금 당장 네가 원하는 그런 모습은 아닐지도 몰라. 하지만 완벽한 모습일 거야. 내가 장담할게. 꼭 나타나야 할 완벽한 모습이 나타나게 될 거야.

너는 할 수 있어.
유 갓 디스!

You Got This!

네게 필요한 건 네 안에 모두 있어

아무리 네가 할 수 없다고 느끼더라도, 가진 것 하나 없다고 느끼더라도 … 장담할게. 너는 할 수 있어.

기억하렴. 이 세상 모든 사람이 너처럼 느낀 적이 있을 거야. 심지어 설리나 고메즈도, 심지어 테일러 스위프트도, 심지어 미셸 오바마도, 심지어 메건 마클도, 심지어 영국의 여왕도, 삶을 살아가다 한 번쯤은(아니, 살아가면서 여러 번 느꼈을 거야) 그들도 자기가 너무 부족하거나 너무 과해서 세상이 무너질 것 같은 두려움을 느낀 적이 있을 거야.

하지만 세상은 무너지지 않았지.

그러니까 그들과 마찬가지로 너도 할 수 있어.

부모님이나 선생님이 네게 못한다고 할지라도, 넌 분명히 할 수 있어. 그저 네 할 일을 하면서 어른들이 틀렸다는 걸 보여주면 돼.

네가 이 책을 통째로 무시한다고 해도, 내가 한 말을 다 잊어버린다고 해도 (아마 그럴 확률이 높을 거야. 너는 인간이니까. 그리고 삶은 이런저런 일을 꼭 던져주기 마련이니까.) 이 말만은 믿어줘. 너는 할 수 있어.

너는 정말 사랑스럽고 멋진 사람이니까.

너는 마법 같은 매력을 가진 사람이니까.

네게 필요한 건 네 안에 모두 있단다. 지금도, 그리고 영원토록.

네가 누구냐고?
넌 무엇이든 할 수 있는 사람이야.

244

감사의 말

이 책이 나오기까지 저를 잘 이끌어준 데비 포이와 로라 호슬리 그리고 렌 & 루크의 모든 분들에게 감사의 말을 전합니다. 제가 내미는 온갖 아이디어를 웃지 않고 들어주고, 실현하게 해 준 제 에이전트 넬 앤드루에게도 고맙다고 전해야겠군요. 넬, 당신이 나보다 나이는 어릴지 몰라도 이것만은 확실해요. 당신은 출판계에서 내 어머니예요.

나라는 기적을 낳아주신 내 진짜 어머니와 아버지에게도 감사의 마음을 전합니다. 나 같은 기적과 살아준 동생 나오미와 루퍼스도 고맙다. 가끔 성가시게 굴 때도 있지만 너희들도 기적이란다.

내 어린 시절부터 어른이 될 때까지 곁에서 내 손을 잡아준 로라 윌킨스, 케이티 스타머-스미스, 루이즈 윌킨슨, 올리비아 브리지스, 니키 마이너스, 로지 토머스에게 감사합니다. 어른이 된 내 손을 잡아주고 내 안의 어린아이를 돌보는 중요성을 알려준 마사 프로이드, 조지아나 라마조티, 레베카 프리스틀리, 미카 시몬스, 제이다 시저, 헬레나 마키지, 데이지 르 베이, 펀 우드 그리고 홀리 벡에게 감사합니다. 터셔스 리처드슨과 도나 랭커스터에게도 무한한 감사를 보냅니다. 두 사람의 치료법(이런 용어를 쓰나요?)이 아니었다면 아마 이 책은 세상의 빛을 보지 못했을 거예요.

마지막으로 늘 나답게 살도록 응원해주는 해리, 늘 자기답게 사는 에디에게 고마운 마음을 전합니다.